JN040745

高校入試

中学3年分をたった7日で総復習 国語

改訂版

>>> Review in 7 Days

Gakken

使い方
How to Use

「1日分」は4ページ。効率よく復習しよう！

Step-1 >>> 基本を確かめる

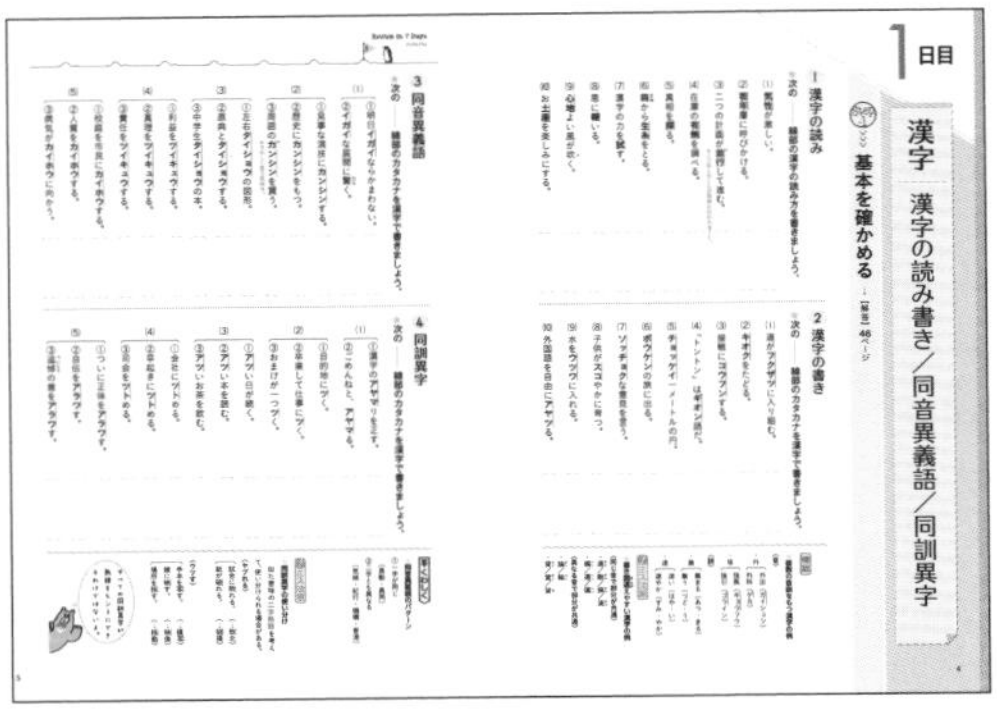

分野別に，基本問題を解いて確認します。入試で必ずおさえておくべき要点を厳選しているので，効率よく学習できます。

Step-2 >>> 実力をつける

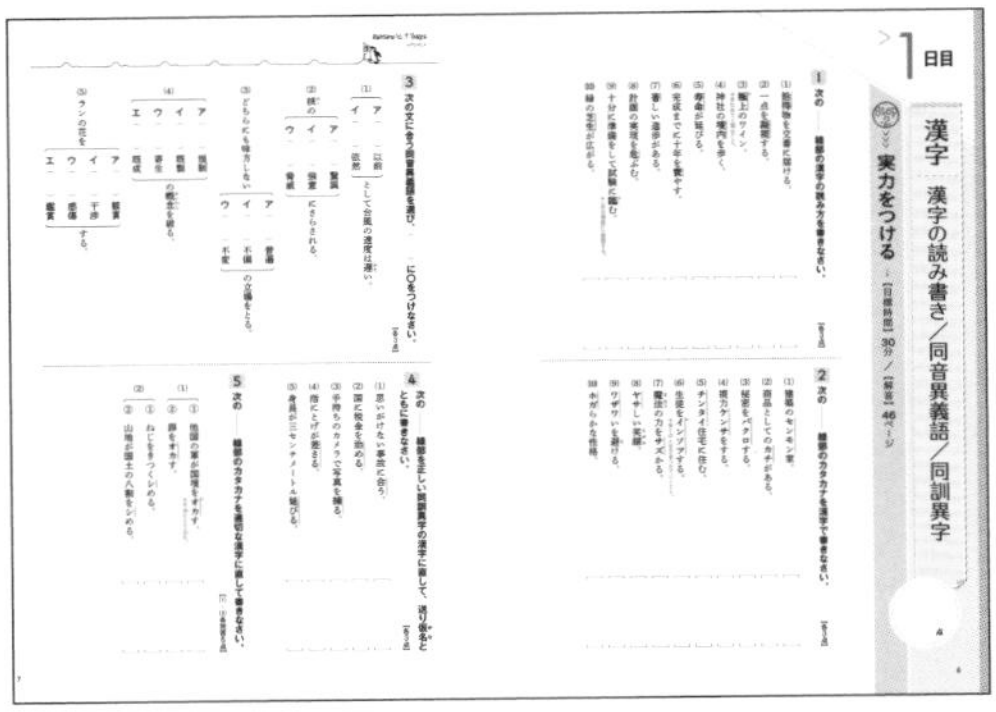

Step-1で学習した内容について，実戦的な問題を解いていきます。
まちがえた問題は解説をよく読んで，もう一度解いてみましょう。

入試対策に役立つ！

模擬試験

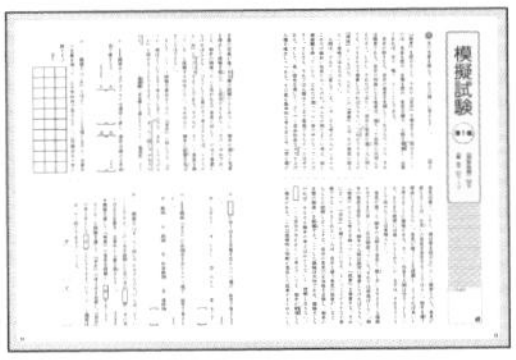

3年分の内容から出題した，入試問題に近い形式の試験です。学習した内容が身についているか，確かめられます。
実際に入試を受けているつもりで，挑戦しましょう。

巻末資料

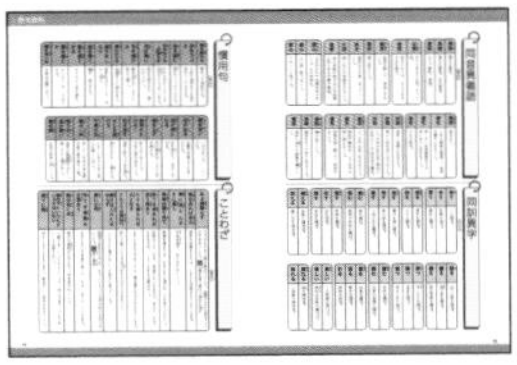

入試によく出る語句・文法をまとめています。入試前に見直しましょう。

重要漢字　暗記ミニブック

巻頭に，暗記ミニブックが付いています。切り取って使いましょう。漢字の読み書きを「一問一答式」で覚えられるので，入試前の最終チェックにも役立ちます。

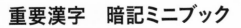

もくじ
Contents

1日目

漢字
漢字の読み書き／同音異義語／同訓異字

Step-1 >>> **基本を確かめる**

⇩【解答】46ページ

1 漢字の読み

★次の――線部の漢字の読み方を書きましょう。

(1) **気性**が激しい。

(2) **若年**層に呼びかける。

(3) 二つの計画が**並行**＊して進む。

＊二つ以上のことが同時に行われること。

(4) 在庫の**有無**を調べる。

(5) 真相を**探**る。

(6) 繭《まゆ》から**生糸**をとる。

(7) 漢字の力を**試**す。

(8) 恩に**報**いる。

(9) **心地**よい風が吹《ふ》く。

(10) お**土産**を楽しみにする。

2 漢字の書き

★次の――線部のカタカナを漢字で書きましょう。

(1) 道が**フクザツ**に入り組む。

(2) **キオク**をたどる。

(3) 接戦に**コウフン**する。

(4) 「トントン」は**ギオン**語だ。

(5) **チョッケイ**一メートルの円。

(6) **ボウケン**の旅に出る。

(7) **ソッチョク**な意見を言う。

(8) 子供が**スコ**やかに育つ。

(9) 水を**ウツワ**に入れる。

(10) 外国語を自由に**アヤツ**る。

確認

複数の音訓をもつ漢字の例

〈音〉
- 外　外出（ガイシュツ）　外科（ゲカ）
- 強　強風（キョウフウ）　強引（ゴウイン）

〈訓〉
- 集　集まる（あつ・まる）　集う（つど・う）
- 速　速い（はや・い）　速やか（すみ・やか）

ミス注意

書き間違《まちが》えやすい漢字の例

〈同じ音で部分が共通〉
- 適《テキ》／敵《テキ》／摘《テキ》／滴《テキ》
- 編《ヘン》／遍《ヘン》／偏《ヘン》

〈異なる音で部分が共通〉
- 論《ロン》／輪《リン》
- 貸《タイ》／賃《チン》／貨《カ》

3 同音異義語

★次の――線部のカタカナを漢字で書きましょう。

(1) ①明日イガイならかまわない。
②イガイな展開に驚《おどろ》く。

(2) ①見事な演技にカンシンする。
②歴史にカンシンをもつ。
③周囲のカンシン*を買う。
*うれしく思う気持ち。

(3) ①左右タイショウの図形。
②原典とタイショウする。
③中学生タイショウの本。

(4) ①利益をツイキュウする。
②真理をツイキュウする。
③責任をツイキュウする。

(5) ①校庭を市民にカイホウする。
②人質をカイホウする。
③病気がカイホウに向かう。

4 同訓異字

★次の――線部のカタカナを漢字で書きましょう。

(1) ①漢字のアヤマりを正す。
②ごめんねと、アヤマる。

(2) ①目的地にツく。
②卒業して仕事にツく。
③おまけが一つツく。

(3) ①アツい日が続く。
②アツい本を読む。
③アツいお茶を飲む。

(4) ①会社にツトめる。
②早起きにツトめる。
③司会をツトめる。

(5) ①ついに正体をアラワす。
②自伝をアラワす。
③追悼《ついとう》の意をアラワす。

くわしく

同音異義語のパターン

〈一字が同じ〉
[異動・異同]
〈二字とも異なる〉
[気候・紀行・機構・寄港]

ミス注意

同訓異字の使い分け

似た意味の二字熟語を考えて、使い分けられる場合がある。

〈ヤブれる〉
試合に敗れる。（→敗北）
紙が破れる。（→破損）

〈ウツす〉
手本を写す。（→模写）
鏡に映す。（→映像）
場所を移す。（→移動）

すべての同訓異字が熟語をヒントにできるわけではないよ。

1日目

漢字

漢字の読み書き／同音異義語／同訓異字

Step-2 >>> 実力をつける ⇒ 【目標時間】30分／【解答】46ページ

点

1 次の――線部の漢字の読み方を書きなさい。【各3点】

(1) 拾得物を交番に届ける。〔　　〕
(2) 一点を凝視する。〔　　〕
(3) 極上*のワイン。〔　　〕
*きわめて上等なこと。
(4) 神社の境内を歩く。〔　　〕
(5) 寿命が延びる。〔　　〕
(6) 完成までに十年を費やす。〔　　〕
(7) 著しい進歩がある。〔　　〕
(8) 計画の実現を危ぶむ。〔　　〕
(9) 十分に準備をして試験に臨む*。〔　　〕
*（ある場面に）直面する。
(10) 緑の芝生が広がる。〔　　〕

2 次の――線部のカタカナを漢字で書きなさい。【各3点】

(1) 建築のセンモン家。〔　　〕
(2) 商品としてのカチがある。〔　　〕
(3) 秘密をバクロする。〔　　〕
(4) 視力ケンサをする。〔　　〕
(5) チンタイ住宅に住む。〔　　〕
(6) 生徒をインソツ*する。〔　　〕
*多くの人をひきつれていくこと。
(7) 魔法《まほう》の力をサズかる。〔　　〕
(8) ヤサしい笑顔《えがお》。〔　　〕
(9) ワザワいを避《さ》ける。〔　　〕
(10) ホガらかな性格。〔　　〕

3 次の文に合う同音異義語を選び、（　）に○をつけなさい。【各3点】

(1) ｛ア（　）以前　イ（　）依然｝として台風の速度は遅《おそ》い。

(2) 核《かく》の｛ア（　）驚異　イ（　）強意　ウ（　）脅威｝にさらされる。

(3) どちらにも味方しない｛ア（　）普遍　イ（　）不偏　ウ（　）不変｝の立場をとる。

(4) ｛ア（　）規制　イ（　）既製　ウ（　）寄生　エ（　）既成｝の概念《がいねん》を破る。

(5) ランの花を｛ア（　）観賞　イ（　）干渉　ウ（　）感傷　エ（　）鑑賞｝する。

4 次の――線部を正しい同訓異字の漢字に直して、送り仮名《がな》とともに書きなさい。【各3点】

(1) 思いがけない事故に合う。　［　　］

(2) 国に税金を治める。　［　　］

(3) 手持ちのカメラで写真を捕る。　［　　］

(4) 指にとげが差さる。　［　　］

(5) 身長が三センチメートル延びる。　［　　］

5 次の――線部のカタカナを適切な漢字に直して書きなさい。【(1)・(2)各完答5点】

(1)
① 他国の軍が国境をオカす。*　［　　］
＊不法に入り込《こ》む。
② 罪をオカす。　［　　］

(2)
① ねじをきつくシめる。　［　　］
② 山地が国土の八割をシめる。　［　　］

2日目

語句　四字熟語／対義語／類義語／慣用句・ことわざ

Step-1 ＞＞＞ 基本を確かめる

⇨【解答】47ページ

1 四字熟語

★次の四字熟語の意味をあとの□から選び、記号で答えましょう。

(1) 悪戦苦闘《あくせんくとう》 〔　〕
(2) 質疑応答《しつぎおうとう》 〔　〕
(3) 大器晩成《たいきばんせい》 〔　〕
(4) 暗中模索《あんちゅうもさく》 〔　〕

ア　手掛《てが》かりもなく、いろいろやってみること。
イ　苦しみながらたたかうこと。
ウ　一方が質問し、他方が答えること。
エ　優れた人物は時間をかけて立派になること。

2 対義語

★次の各組が対義語の関係になるように、□に漢字を書きましょう。

(1) 長所 ↕ □所
(2) 直接 ↕ □接
(3) 主観 ↕ □観
(4) 偶然《ぐうぜん》 ↕ □然
(5) 権利 ↕ 義□
(6) 生産 ↕ 消□
(7) *需要《じゅよう》 ↕ 供□

*商品を手に入れたいという欲求。

くわしく

四字熟語の基本の型

〈二字＋二字〉
・上下が類義語の関係
〔日進月歩《にっしんげっぽ》・創意工夫《そういくふう》〕
・上下が対《つい》の関係
〔半信半疑《はんしんはんぎ》・一喜一憂《いっきいちゆう》〕
・上下が主語・述語の関係
〔用意周到《よういしゅうとう》・主客転倒《しゅかくてんとう》〕
・上下が修飾《しゅうしょく》・被《ひ》修飾の関係
〔人工衛星《じんこうえいせい》・永久不変《えいきゅうふへん》〕
〈一字＋三字／三字＋一字〉
〔大運動会《だいうんどうかい》・未完成品《みかんせいひん》〕
〈一字＋一字＋一字＋一字〉
〔東西南北《とうざいなんぼく》・春夏秋冬《しゅんかしゅうとう》〕

*これらの構成に分類しきれないものもある。

3 類義語

★次の各組が類義語の関係になるように、［　］に合う言葉を、あとの［　］から選んで書きましょう。

(1) 固有 ＝ ［　］
(2) 希望 ＝ ［　］
(3) 案外 ＝ ［　］
(4) 自然 ＝ ［　］
(5) 簡単 ＝ ［　］
(6) 方法 ＝ ［　］
(7) 我慢《がまん》 ＝ ［　］
(8) 不足 ＝ ［　］
(9) 興味 ＝ ［　］
(10) 賛成 ＝ ［　］

天然　欠乏《けつぼう》　関心　意外　特有
同意　容易　忍耐《にんたい》　手段　願望

4 慣用句・ことわざ

★次の二つの慣用句の□に共通する漢字を書きましょう。

(1) ・□を焼く　・□を尽《つ》くす* ［　］
*あらゆる手段をとる。

(2) ・□が高い　・□にかける* ［　］
*自慢《じまん》する。

(3) ・□を傾《かたむ》ける　・□を疑う ［　］

★［　］に言葉を入れてことわざを完成させましょう。

(1) ［　］をたたいて渡《わた》る
(2) 月と［　］
(3) 灯台もと［　］
(4) 馬の耳に［　］
(5) 急がば［　］
(6) 背に［　］はかえられない

確認 対義語と類義語の構成の型

どちらも、一字が同じものと、二字とも異なるものがある。

〈一字が同じ〉
対 進化↕退化
類 永久＝永遠

〈二字とも異なる〉
対 増加↕減少
類 外見＝体裁

確認 慣用句とことわざの違《ちが》い

・慣用句…二つ以上の単語が結び付いて、全体である決まった意味を表した言葉。
・ことわざ…人生の知恵《ちえ》や教訓を含《ふく》んだ言葉。

くわしく 慣用句には体の部分を使ったものが多い

・目　目が覚める　目を細くする
・口　口が滑《すべ》る　口を出す
・足　足が棒になる　足が出る
・腹　腹をくくる　腹を割る

2日目

語句 四字熟語／対義語／類義語／慣用句・ことわざ

点

Step-2 >>> 実力をつける

⇩【目標時間】30分／【解答】48ページ

1 次の意味の四字熟語になるように、□に合う漢字を書きなさい。【各完答3点】

(1) 疑い出すと、何でもないことまで信じられなくなること。
疑《ぎ》心《しん》□《あん》□《き》

(2) 前置きもなく、いきなり話の中心に入ること。
□《たん》刀《とう》直《ちょく》□《にゅう》

(3) さまざまな種類があり、それぞれが違《ちが》っていること。
□《せん》差《さ》□《ばん》別《べつ》

(4) 自分の都合の良いように、言ったりしたりすること。
我《が》田《でん》□《いん》□《すい》

(5) 人間のいろいろな感情。
喜《き》□《ど》哀《あい》□《らく》

2 次の各組が対義語の関係になるように、［　］に合う熟語を、あとの□から選んで書きなさい。【各3点】

(1) 具体的 ↕ ［　　］的
(2) 拡大 ↕ ［　　］
(3) 悲観* ↕ ［　　］
*物事をすべて悪い方に考えること。
(4) 総合 ↕ ［　　］
(5) 模倣《もほう》 ↕ ［　　］
(6) 原因 ↕ ［　　］
(7) 平凡《へいぼん》 ↕ ［　　］
(8) 否定 ↕ ［　　］
(9) 単純 ↕ ［　　］
(10) 苦手 ↕ ［　　］

結果　縮小　肯定《こうてい》　得意
分析《ぶんせき》　楽観　複雑　創造
抽象《ちゅうしょう》　非凡

3

次の各組が類義語の関係になるように、□に合う漢字を書きなさい。【各3点】

(1) 倹約《けんやく》＝□約

(2) 重宝＝□利

(3) 突然《とつぜん》＝□意

(4) 未来＝□来

(5) 平等＝□平

(6) 音信*＝□息

*便り。

(7) 留守＝□在

(8) 所得＝□入

(9) 日常＝□段

(10) 外見＝□裁

4

次の――線部が慣用句になるように、□に合う、体の部分か動物の名前を漢字で書きなさい。【各3点】

(1) 解決策が出ずに、□をこまねく。〔　〕

(2) 本当のことを話そうと、□をくくる。〔　〕

(3) 彼《かれ》とは、なぜか□が合う。〔　〕

(4) 年末は□の手も借りたいほど忙《いそが》しい。〔　〕

(5) すばらしいごちそうに□つづみを打つ。〔　〕

5

次のことわざと似た意味のことわざをあとの□から選び、記号で答えなさい。【各2点】

(1) 二兎《にと》を追う者は一兎をも得ず〔　〕

(2) 弘法《こうぼう》にも筆の誤り〔　〕

(3) 泣き面《つら》に蜂《はち》〔　〕

(4) ぬかに釘《くぎ》〔　〕

(5) ちょうちんに釣《つ》り鐘《がね》〔　〕

ア のれんに腕押《うでお》し　イ ぬれ手で粟《あわ》

ウ 猿《さる》も木から落ちる　エ 弱り目にたたり目

オ 月とすっぽん　カ あぶ蜂取らず

3日目 文章読解① 説明文・論説文

Step-1 ≫ 基本を確かめる

⇒【解答】49ページ

◆次の文章を読んで、下の問いに答えましょう。（1～4は段落番号です。）

1 植物たちはどのようにして、暑さや寒さの訪れを前もって知るのでしょうか。その疑問に対しては、「植物たちが、葉っぱで夜の長さをはかるから」というのが答えです。この答えを知れば、次には、「葉っぱが夜の長さをはかれば、植物たちは暑さや寒さの訪れを前もって知ることができるのか」という疑問が出るでしょう。これに対しては、「前もって知ることができる」が答えです。

2 実際に、夜の長さの変化と気温の変化の関係を考えると、この答えはわかりやすく理解されます。たとえば、春から考えはじめると、夜の長さはだんだん短くなり、もっとも夏らしく夜が短いのは、夏至《げし》の日で

1 指示語

★——線部「この答え」が指す内容を次から一つ選び、記号で答えましょう。

ア 夜の長さの変化と気温の変化には関係がある。

イ 植物たちは、葉っぱで夜の長さをはかることで、暑さや寒さの訪れを前もって知ることができる。

ウ 植物たちは、葉っぱで夜の長さをはかることができる。

［　　］

2 接続語

★□に当てはまる接続語を次から一つ選び、記号で答えましょう。

ア だから　イ また
ウ しかし　エ なぜなら

［　　］

確認

●**指示語の指すもの**

すぐ前の部分にある言葉や内容を指すことが多い。
まれに、そこまでの全体の内容を指したり、すぐあとに続く内容を指したりすることもある。

くわしく

●**接続語のつなぎ方による分類**

- **順接**…例だから・すると
- **逆接**…例しかし・だが
- **並立・累加《るいか》**…例また・そして
- **対比・選択《せんたく》**…例または・あるいは
- **説明・補足**…例つまり・たとえば
- **転換《てんかん》**…例さて・ところで

す。この日は、六月下旬《げじゅん》*です。それに対して、もっとも夏らしい暑さになるのは八月です。夜の長さの変化は、暑さの訪れより、約二カ月[　]しています。

*月の二十一日から月末までの約十日間。

3 夜の長さは、夏至の日を過ぎて、だんだんと長くなります。夜の長さがもっとも冬らしく長くなるのは、冬至《とうじ》の日です。これは、一二月下旬です。それに対し、冬の寒さがもっともきびしいのは、二月ごろです。夜の長さの変化は、寒さの訪れより、約二カ月[　]しています。

4 [　]、植物たちは、葉っぱで夜の長さをはかることによって、暑さや寒さの訪れを約二カ月、先取りして知ることができます。この二カ月間ほどを利用して、夏の暑さが来るまでに、あるいは、冬の寒さが来るまでにツボミをつくり、花を咲《さ》かせ、タネをつくることができるのです。

（田中修《たなかおさむ》「植物のあっぱれな生き方」〈幻冬舎《げんとうしゃ》〉より）

3 段落の要点・要旨《ようし》

★二つの[　]に共通して当てはまる言葉を次から一つ選び、記号で答えましょう。

ア 経過　イ 遅延《ちえん》

ウ 後退　エ 先行

[　]

4 段落

★1～4の段落の構成を説明したものとして適切なものを次から一つ選び、記号で答えましょう。

ア 1で述べたことの理由を2・3で説明し、4で再び1の内容を繰《く》り返し、その意味も述べている。

イ 1でした問題提起への答えを2で、3でした新たな問題提起への答えを4で述べている。

ウ 1で挙げたことの理由を、2・3・4で順に説明している。

[　]

確認

形式段落と意味段落

段落には「形式段落」と「意味段落」がある。長い文章では、内容・役割の似ているひと続きの形式段落を、ひとまとまりの意味段落として考える。

くわしく

説明文・論説文の構成の型

説明的文章の代表的な構成には、次の三つの型がある。

・**頭括型《とうかつがた》**…結論→説明→説明
・**尾括型《びかつがた》**…説明→説明→結論
・**双括型《そうかつがた》**…結論→説明→結論

文章読解① 説明文・論説文

Step-2 実力をつける

【目標時間】30分／【解答】49ページ

点

◆次の文章を読んで、あとの問いに答えなさい。

【(1)(2)各15点・(3)(4)各25点・(5)20点】

「転移*」という言葉はふつう、医療《いりょう》の分野で使われることが多いが、「転移」はそれとはまったく別の意味で、わたしたちの身体にもっとも基本的な現象であるとおもわれる。

*場所が移ること。移すこと。

□、書くという動作。児童が鉛筆《えんぴつ》を持ってこれをなめらかにできるようになるには、かなり長い時間の訓練が必要だ。まず鉛筆を指に挟《はさ》むことじたいが結構たいへんだし、さらにそれで書くとなると一段とたいへんである。指の動きもはじめはぎこちなく、字もよく左右がひっくり返ったりする。何度も何度もくりかえし書いているうちに、ようやっと字形も固まってくる。そこで担任の先生に「黒板にきて大きく書いてごらん」と言われ、黒板の前に進んでチョークを手にすると、あとはすっと書けてしまう。

①これはほんとうはとても不思議なことなのだ。ノートに鉛筆で書くときは、指や手首を操りながら書く。黒板に書くときは、指や手首はチョークをつかむだけで動かさず、腕《うで》や肘《ひじ》を操りながら書く。身体のまったく違《ちが》う部位、それまで一度も使ったことのない部位を使って書けるのだ。さらに校庭に行って足で地面に字を書けと言われても、まったく予行演習なしにきちんと字が書ける。おまけに書体までそっくりに。足で字を書くなんてこれまで一度も試みたことがないのに。

身体のどこかに書くという行動の〈式〉がいったん住みつくと、②それは他のどの部位にも容易に転移させることができる。腰《こし》を動かして字をなぞることすらすぐにできる。不思議におもわれるかもしれないが、身体で何かができるというのは、そういうことなのである。

転移は社会的なレベルでも起こる。分かりやすい例をあげれば、家族のイメージ。父と母と子とその兄弟（ときには祖父と祖母も入る）からなる家族のイメージは、じっさいの家族のみならず、たとえば（中略）スポーツのチームにおける「監督《かんとく》」「コーチ」（中略）「主将」「マネージャー」とかにも重ね合わされる。男子校、女子校においても、あるいは相撲《すもう》部屋や宝塚《たからづか》歌劇団のような単一の性からなる集団においても、父親役、母親役、そして子ども役が自然と生まれる。家族のイメージはどんな集団にも容易に浸透《しんとう》してゆき、集団の構成原理としてはたらく。

（鷲田清一《わしだきよかず》「大事なものは見えにくい」〈KADOKAWA〉より。一部略）

(1) □に当てはまる言葉を次から一つ選び、記号で答えなさい。

ア そして　**イ** だが

ウ たとえば　**エ** あるいは

〔　　〕

(2) ——線部①「これ」の指す内容として適切なものを次から一つ選び、記号で答えなさい。

ア 鉛筆で字が書ければ、チョークでも書けるようになること。

イ 先生に言われれば、黒板に大きな字が書けること。

ウ 練習すれば鉛筆で字が書けるようになること。

エ だんだん字形の整った字が書けるようになること。

〔　　〕

(3) ——線部②「それ」の指す内容を文章中から十一字で書き抜《ぬ》きなさい。（符号《ふごう》も一字に数える。）

(4) この文章を大きく二つに分けるとすると、前半はどこまでですか。終わりの六字を書き抜きなさい。（句点も一字に数える。）

(5) この文章の要旨《ようし》をまとめた次の文の□に当てはまる言葉を、あとから一つ選び、記号で答えなさい。

＊「転移」という現象は、わたしたちの身体にとってもっとも基本的な現象であり、それはまた、□でも起こる。

ア 社会的なレベル　**イ** 医療の分野

ウ 他のどの部位　**エ** 男子校や女子校

〔　　〕

4日目

文章読解② 小説

Step-1 >>> 基本を確かめる

⇒【解答】50ページ

◆次の文章を読んで、下の問いに答えましょう。

東京から瀬戸内海《せとないかい》沿いの町に引っ越《こ》してきたばかりの六歳《さい》の「ぼく」は、これから東京に引っ越すという六年生のヨウイチに、海を見に連れていってもらうことになった。

小学校を出てすぐ、ヨウイチくんのともだち四、五人とすれ違《ちが》った。ともだちはみんな野球の道具を持っていた。

「ヨウくん、いつ行くんか」「今夜じゃ」「ほうか*、まあ元気でがんばれよ」「おう」「手紙書くけえ、返事くれえや」「わかっとるわい」……自転車を停《と》めてそんなやり取りを交わしたあと、ともだちの一人が言った。

*「そうか」ということ。

「今夜行くんじゃったら、まだ時間あるじゃろ。三組と試合するけえ、ヨウくんも来《こ》んか？」

①ぼくはヨウイチくんの背中に隠《かく》れて、顔を伏《ふ》せた。

ヨウイチくんは少し考えて、ペダルを逆向きに半回転させて足をかけた。

1 場面

★この場面を説明した次の文の□に当てはまる言葉を、文章中から書き抜《ぬ》きましょう。

＊「ぼく」はヨウイチくんの□□□(a)の後ろに乗せてもらって海に向かう途中《とちゅう》で、野球の試合をしに行く、ヨウイチくんの□□□□(b)に会った。

a

b

2 心情

★——線部①～③の様子から想像される心情を次からそれぞれ選び、記号で答えましょう。

ア 相手の、予想と違う反応を不審《ふしん》に思っている。

確認

場面の把握《はあく》

小説の読解では、次のような場面の状況《じょうきょう》をおさえる。

・いつ

・どこで

・誰《だれ》が（年齢《ねんれい》・職業なども含《ふく》む）

・何をしているか

確認

心情を読み取る

小説では、作者はさまざまな表現によって、登場人物の心情を表す。

・**会話**…心情がそのまま表されたものと、言葉の裏を読み取る必要のあるものがある。

・**動作・様子**…間接的に人物の心情を表す。

「こんなん、海に連れてっちゃるいうて約束したけえ」

ペダルを踏《ふ》み込《こ》んだ。ともだちはけげんそうに、②不満そうに、顔を見合わせていたけど、すぐに「ほなら、元気での！」とヨウイチくんに手を振《ふ》った。ヨウイチくんも片手ハンドルで「バーイ！」と答え、③あとはもう後ろは振り向かなかった。

こんなん――いまは、「こいつ」っていう意味だったんだろう。「おまえ」も「こいつ」も、「こんなん」。むずかしい、ほんとうに。

ぼくはヨウイチくんのベルトをつかみ直した。「ありがとう」と言えばいいのか「ごめんね」なのか、「ぼく、一人で帰るから、野球に行ってもいいよ」と言ってあげるのがいちばんいいのか、わからないから、④ただ黙《だま》ってヨウイチくんの背中に頬《ほお》をつけた。

ヨウイチくんはサドル*に載《の》せたお尻《しり》を［　　］させながら、言った。

＊自転車の腰《こし》をかけるところ。

「わし、［　　］あんまり好かんのよ。釣《つ》りのほうがおもしれえわ」

（重松清《しげまつきよし》「半パン・デイズ」〈講談社〉より）

イ　これまでの思い出を断ち切ろうとしている。

ウ　自分が邪魔《じゃま》者ではないかと感じている。

①［　　］　②［　　］　③［　　］

★ ――線部④のときの「ぼく」の中にある気持ちを次から一つ選び、記号で答えましょう。

ア　後悔《こうかい》　イ　とまどい

ウ　悲しみ　エ　不満

［　　］

★ ［　　］に当てはまる言葉を文章中から書き抜きましょう。

［　　］

3 表現の工夫

★ ［　　］に当てはまる言葉を次から一つ選び、記号で答えましょう。

ア　もぞもぞ　イ　こそこそ

ウ　へらへら　エ　じりじり

［　　］

例 とぼとぼと歩く。（→つらい気持ち）

・**風景・天候**…人物の心情や、話の展開を暗示する。

例 雨がやんで、日が差し始めた。（→希望）

ミス注意

● **複雑な心情もある**

喜びだけ、寂《さび》しさだけという単純な心情でなく、悲しみを含《ふく》む喜びや、希望を感じさせる寂しさなど、複雑な心情もある。表現を注意深く読み取ることが大切。

くわしく

● **慣用的表現や擬態《ぎたい》語、比喩《ひゆ》**

人物の様子や心情、場面の状況をわかりやすく表すために、さまざまな表現が使われる。

・**慣用的表現**…例 頭を抱《かか》える（→困る）

・**擬態語**…例 うずうず（→何かをしたい）

・**比喩**…例 雪の日のような静けさ（→静まりかえった様子）

4日目

文章読解② 小説

Step-2 実力をつける

【目標時間】30分／【解答】51ページ

点

◆次の文章を読んで、あとの問いに答えなさい。【各20点・⑸は完答】

「彼女《かのじょ》」は二十歳《はたち》の頃《ころ》、イタリア料理店でアルバイトをしていた。ある日、フロア・マネージャーの代わりに、初めて、上の階にいる店のオーナーの老人に夕食を届ける。その日が「彼女」の二十歳の誕生日と知ったオーナーは、何でも願いごとをかなえてあげようと言った。「彼女」は願いごとを伝えた。

①老人はしばらく何も言わず彼女の顔を見ていた。両手は机の上に置かれたままだ。机の上には帳簿《ちょうぼ》のような分厚いフォールダー*が何冊か置いてあった。筆記具とカレンダー、緑色の笠《かさ》のついたランプもあった。彼《かれ》の小さな一対《いっつい》の手は②まるで備品の一部のようにそこにあった。雨粒《あまつぶ》はあい変わらず窓ガラスをたたき、その向こうに東京タワーの明かりがにじんで見えた。

老人のしわが少しだけ深く*なった。「それがつまり君の願いごとというわけだね？」

「はい。そうです。」

＊書類挟《ばさ》み。

＊ここでは「少しだけ真剣《しんけん》な表情になった」という意味。

「君のような年ごろの女の子にしては、いっぷう変わった願いのように思える。」と老人は言った。「実を言えば私は、③もっと違《ちが》ったタイプの願いごとを予想していたんだけどね。」

「もしまずいようなら、何か別のものにします。」と彼女は言った。それから一つせきばらいをした。「別のものでもかまわないんです。何か考えますから。」

「いやいや。」老人は両手を上に上げ、旗のように空中でひらひらと振《ふ》った。「まずいわけじゃない、全然。ただね、私は驚《おどろ》いたんだよ、お嬢《じょう》さん。つまり、もっと他に君が願うことはないんだね？　例えば、そうだな、もっと美人になりたいとか、賢《かしこ》くなりたいとか、お金持ちになりたいとか、そういうことじゃなくてもかまわないんだね？　普通《ふつう》の女の子が願うようなことを。」

彼女は時間をかけて④言葉を探した。老人はその間何も言わず、ただじっと待っていた。彼の両手は机の上に静かにそろえられていた。

「もちろん美人になりたいし、賢くもなりたいし、お金持ちになりたいとも思います。でもそういうことって、もし実際にかなえられてしまって、その結果⑤自分がどういうふうになっていくのか、私にはうまく想像できないんです。かえってもてあましちゃうことになるかもしれません。私には人生というものがまだうまくつかめていないんです。ほんとに。その仕組みがよくわからないんです。」

「なるほど。」老人は両手の指を組み、それをまた離《はな》した。

（村上春樹《むらかみはるき》「バースデイ・ガール」『バースデイ・ストーリーズ』〈中央公論新社〉より）

(1) ——線部①「老人はしばらく何も言わず彼女の顔を見ていた。」とありますが、このときの老人の気持ちとして最も適切なものを次から一つ選び、記号で答えなさい。

ア 驚き　**イ** 失望　**ウ** 怒《いか》り　**エ** 喜び　〔　　〕

(2) ——線部②「まるで備品の一部のように」は直喩《＊ちょくゆ》です。もう一《いっ》箇所《かしょ》、直喩を使っている部分を文章中から五字で書き抜《ぬ》きなさい。

＊「まるで」「ようだ」などを使った比喩。

□□□□□

(3) ——線部③「もっと違ったタイプの願いごと」とは、どのようなことですか。そのことを簡潔に言っている言葉を、文章中から「〜こと。」に続くように十二字で書き抜きなさい。

□□□□□□□□□□□□こと。

(4) ——線部④「言葉を探した」とありますが、この表現をわかりやすく言い換《か》えると、どうなりますか。文章中の言葉を用いて三字で書きなさい。

□□□

(5) ——線部⑤「自分が……うまく想像できない」とありますが、彼女は、その理由をどのように考えていますか。それをまとめた次の□に当てはまる言葉を文章中から書き抜きなさい。

＊自分は、□□というものの□□□が、まだよくわからない状態だから。

5日目

古文　歴史的仮名遣い《かなづかい》／古文の特徴《とくちょう》／古語

Step-1 >>> 基本を確かめる

⇒【解答】52ページ

◆次の文章を読んで、あとの問いに答えましょう。

春はあけぼの。aやうやう白くなりゆく山ぎはb、（空の、山に接するあたり）すこしあかりて、①紫《むらさき》だちたる雲のほそくたなびきたる。（紫がかっている）

夏は夜。月のころはAさらなり、やみもなほc、②蛍《ほたる》の多く飛びちがひたる。また、③ただ一つ二つなど、ほのかにうち光りて行くも④をかし。雨など降るもをかし。

秋は夕暮れ。夕日のさして山の端《は》（山の、空に接する部分）いと近《ちか》うdなりたるに、烏《からす》の寝《ね》どころへ行くとて、三《み》つ四《よ》つ、二つ三つなど、飛びいそぐさへあはれなり。まいて（まして）雁《かり》などのつらねたるが、Bいと小さく見ゆるはいとをかし。日入りはてて、風の音、虫の音《ね》など、はたいふeべきにあらず。

（清少納言《せいしょうなごん》「枕草子《まくらのそうし》」より）

1 歴史的仮名遣い《かなづかい》

★ 〰線部a～eの歴史的仮名遣いの読み方を、現代仮名遣いで、すべて平仮名で書きましょう。

a［　　］ b［　　］
c［　　］ d［　　］
e［　　］

2 語句の省略

★ ――線部①「紫だちたる雲のほそくたなびきたる」、②「蛍の多く飛びちがひたる」のあとに、共通して省略されている言葉は何ですか。次から一つ選び、記号で答えましょう。

ア　さらなり　　イ　いふべきにあらず
ウ　をかし　　エ　なりたる

［　　］

確認

● **歴史的仮名遣いの読み方**

① 語頭以外の「は・ひ・ふ・へ・ほ」→わ・い・う・え・お
② 「ゐ・ゑ・を」→い・え・お
③ 「au・iu・eu・ou」→ô・yû・yô・ô
例 まうす→もうす
④ 「くわ・ぐわ」→か・が
⑤ 「ぢ・づ」→じ・ず
⑥ 促音《そくおん》・拗音《ようおん》
例 せつく→せっく（節句）
きよく→きょく（曲）

くわしく

● **いろいろな言葉の省略**

古文では、繰《く》り返さなくてもわかると思われる主語や述語、また、助詞「が・は」などが省略されることがある。

★ ──線部③「ただ一つ二つなど、ほのかにうち光りて行く」の主語は何ですか。文章中から漢字一字で書き抜《ぬ》きましょう。

［　］

3 古語

★ 〰線部a「やうやう」、══線部A「さらなり」、B「いと」の意味を次からそれぞれ選び、記号で答えましょう。

ア 言うまでもない　イ とても

ウ 次第に

a［　］ A［　］ B［　］

★ ──線部④「をかし」と比べて、よりしみじみと感じたときの気持ちを表す言葉を、文章中から五字で書き抜きましょう。

［　　　　　］

◆次の文を読んで、あとの問いに答えましょう。

つれづれなるままに、日暮《ひぐ》らし、硯《すずり》に向かひて、心にうつりゆくよしなし事を、そこはかとなく書きつくれば、あやしうこそものぐるほしけれ。

（兼好法師《けんこうほうし》「徒然草《つれづれぐさ》」より）

4 係り結び

★ ──線部には、係り結びが使われています。⑴は係りの助詞を、⑵は結びの語の続きを書き抜きましょう。

⑴係りの助詞…………［　］

⑵結びの語……ものぐるほ［　］

★ ──線部の現代語訳として当てはまるものを次から一つ選び、記号で答えましょう。

ア 不思議なほど心が乱れて落ち着かないことだ。

イ なぜ不思議に心が乱れて落ち着かないのか。

ウ 心が乱れて落ち着かないのが不思議である。

［　］

ミス注意

●**主語を表す「の」**

古文では助詞「の」が、主語を示す「が」の意味で使われることが多いので、注意する。

確認

●**「係り結び」とは**

古文の表現技法の一つ。作者や登場人物の感動などを強調したり、疑問などを表したりする技法。

文中に、決まった係りの助詞（こそ・ぞ・なむ・や・か）が置かれると、文末（結び）が、終止形以外の形に変化する。

尊くおはしけり。

↓

尊くこそおはしけれ。（↓強調）

〈他の係り結びの例〉

・～とぞ言ひける。（↓強調）

・～竹なむ一筋《ひとすぢ》ありける。（↓強調）

・いづれの山か天に近き。（↓疑問）

古文　歴史的仮名遣《かなづか》い／古文の特徴《とくちょう》／古語

Step-2 ＞＞＞ 実力をつける

⇩ 【目標時間】30分／【解答】53ページ

点

1 次の文章を読んで、あとの問いに答えなさい。【各7点】

[a]めづらし（目新しい）と言ふべきことにはあらねど（ないけれど）、文《ふみ》こそ[①]なほめでたきもの（すばらしいものである）なれ。はるかなる世界（地方）にある人の、いみじくおぼつかなく（たいへん気がかりで）、いかなるらむ（どうしているだろうか）と[b]思ふに、文を見れば、ただいま[c]さし向かひたるやうにおぼゆる（感じられるのは）、いみじきことなりかし（すばらしいことであるよ）。わが思ふことを書きやりつれば、あしこまでも行き着かざるらめど（まだ先方まで到着《とうちゃく》していないであろうが）、[②]心ゆく心《ここ》ち□すれ。

（清少納言《せいしょうなごん》「枕草子《まくらのそうし》」より）

(1) 〰〰線部a「めづらし」、b「思ふ」、c「さし向かひたるやうに」の読み方を現代仮名遣《かなづか》いで、すべて平仮名で書きなさい。

a［　　　］　b［　　　］　c［　　　］

(2) ――線部①「なほ」の意味を次から選び、記号で答えなさい。

ア ますます　**イ** やはり　**ウ** とても　［　　］

(3) ――線部②「心ゆく心ち」とは、どのような気持ちですか。適切なものを次から一つ選び、記号で答えなさい。

ア 思うことが通じないことに対する不安な気持ち。

イ 手紙が遅《おく》れたことに対する、すまないという気持ち。

ウ 思うことが書けて送れた、満ち足りた気持ち。［　　］

(4) □に補う係りの助詞として適切なものを次から一つ選び、記号で答えなさい。

ア さえ　**イ** が　**ウ** こそ　**エ** も　［　　］

2 次の文章を読んで、あとの問いに答えなさい。

【(1)〜(3)各6点・(4)10点】

さしたることなくて（これという用事）人のがり（人のもとに）行くは、良からぬことなり。用ありて行きたりとも、そのこと果てなばとく A 帰るべし。久しくゐたる a、いとむつかし（わずらわしい）。人と向かひたれば、ことば ① 多く、身もくたびれ、心も静かならず。よろづ B のことさはりて（さしつかえがあり、無駄《だ》に時間を過ごしてしまう）時をうつす、互《たが》ひのため ② 益《やく》なし。いとはしげに言はんもわろし（かといって客に、さもいやそうに言うのも）。心づきなき（気に入らない）ことあらん折は、なかなか C そのよしをも言ひてん（理由を言ってしまうほうがよい）。同じ心に向かはまほしく思はん人の（ただし、互いに向き合っていたいと思う人が）、つれづれにて D、「今しばし、けふ b は心静かに。」など言はんは（言うような場合は）、この限りにはあらざるべし。

（兼好法師《けんこうほうし》「徒然草《つれづれぐさ》」より）

(1) 〰〰線部a「ゐたる」、b「けふ」の読み方を現代仮名遣いで書きなさい。

a［　　　］ b［　　　］

(2) ‖線部A「とく」、B「よろづ」、C「なかなか」、D「つれづれにて」の意味を次からそれぞれ一つずつ選びなさい。

ア すべて　イ ひまで
ウ かえって　エ すぐに

A［　　］ B［　　］ C［　　］ D［　　］

(3) ——線部①「ことば」と、②「互ひのため」のあとにはそれぞれ現代語のどんな助詞が補えますか。平仮名一字で答えなさい。

①［　　］ ②［　　］

(4) 作者は、用事があって他人を訪問したときの心得としてどのようなことを述べていますか。次の文の□に当てはまる言葉を考えて、現代語で書きなさい。

＊用事が済んだら□のがよい。

［　　　　　　］

6日目

文法① 自立語

Step-1 基本を確かめる ⇒【解答】54ページ

1 自立語

★次の各文中から自立語*を探して、――線を引きましょう。

*それだけで意味のわかる語。

(1) コップに　冷たい　水を　くむ。

(2) 木陰《こかげ》は　とても　涼《すず》しい。

(3) ほら、これが　有名な　仏像です。

(4) でも、あなたの　考えには　反対だ。

(5) 黒雲が　広がり、雷《かみなり》が　ゴロゴロ　鳴る。

2 活用する自立語

★次の――線部は活用する自立語*です。それぞれの部分を、言い切りの形にして書きましょう。

*あとに続く語によって、語形が規則的に変化する。

(1) やっと風邪《かぜ》が①よく②なった。

①［　　］ ②［　　］

(2) ①急いで②出かけよう。

①［　　］ ②［　　］

(3) ①静かな音楽が②流れる部屋。

①［　　］ ②［　　］

(4) 仕事が①終わったら、すぐに②行きます。

①［　　］ ②［　　］

(5) もっと①安ければ、②買います。

①［　　］ ②［　　］

確認

自立語とは

・一文節の中に必ず一つ、文節の初めにある。

・「自立語＋付属語*」、あるいは「自立語」だけで、一文節を作る。

*付属語…それだけでは意味のわからない語。

（→28ページ）

ミス注意

活用する語は、文中でいろいろな活用形で使われる

動詞・形容詞・形容動詞の活用のしかたは覚えておくとよい。（→資料42ページ）

複数の形がある連用形には、特に注意。

3 活用しない自立語

★次の各組のア～エのうち、活用しない自立語を一つずつ選び、記号で答えましょう。

(1) ア 飲む　イ まぶしい　ウ 丸い　エ 話し合い　［　　］

(2) ア こちら　イ 柔《やわ》らかだ　ウ 細い　エ 持つ　［　　］

(3) ア 浮《う》かぶ　イ いいえ　ウ 借りる　エ 打つ　［　　］

(4) ア のんきだ　イ おもしろい　ウ ゆっくり　エ 笑う　［　　］

4 品詞

★次の品詞*分類表の［　　］に当てはまる品詞名を書きましょう。

＊単語を自立語か付属語かなど、いくつかの観点で分類して、十の品詞を示した表。

- 自立語
  - 活用する ― 述語になる（用言《ようげん》）
    - ウ段で終わる ― ①［　　］
    - 「い」で終わる ― ②［　　］
    - 「だ・です」で終わる ― ③［　　］
  - 活用しない
    - 主語になる（体言《たいげん》） ― 名詞
    - 修飾《しゅうしょく》語になる
      - 主に用言を修飾する ― ④［　　］
      - 体言を修飾する ― 連体詞
    - 接続語になる ― ⑤［　　］
    - 独立語になる ― 感動詞
- 付属語
  - 活用する ― 助動詞
  - 活用しない ― 助詞

確認

●**活用する自立語（＝用言）**

動詞・形容詞・形容動詞のことを用言という。言い切りの形が、品詞を識別する手がかりになる。

・**動詞**…言い切りの形（終止形）がウ段。例 走る・増す

・**形容詞**…言い切りの形が「い」。例 多い・うれしい

・**形容動詞**…言い切りの形が「だ・です」。例 のどかだ・楽です

＊用言に対して、名詞のことを「体言」という。

くわしく

●**自立語の品詞の性質**

・**動詞**…動作・変化・存在を表す。

・**形容詞**／**形容動詞**…性質・状態を表す。

・**名詞**…人や物事の名前を表す。

・**副詞**…主に用言を修飾する。状態や程度などを表す。

・**連体詞**…体言を修飾する。

・**接続詞**…前後の文や文節をつなぐ。

・**感動詞**…感動や呼びかけなどを表す。

6日目

文法① 自立語

Step-2 実力をつける

【目標時間】30分 ／ 【解答】54ページ

点

1 次の文について、あとの問いに答えなさい。【各4点】

＊トロッコも二人の力では、①いくら押《お》しても動かなく②なった。

（芥川龍之介《あくたがわりゅうのすけ》「トロッコ」より）

(1) 自立語はいくつありますか。漢数字で答えなさい。［　　つ］

(2) 活用する自立語はいくつありますか。漢数字で答えなさい。［　　つ］

(3) ――線部①「いくら」と、②「なっ」の品詞名をそれぞれ答えなさい。

①［　　］ ②［　　］

2 次の説明に合う品詞をあとの□から選び、記号で答えなさい。【各4点】

(1) 活用する自立語で、ウ段で終わる。［　　］

(2) 活用する自立語で、「だ・です」で終わる。［　　］

(3) 活用する自立語で、「い」で終わる。［　　］

(4) 活用しない自立語で、主語になる。［　　］

(5) 活用しない自立語で、主に用言＊を修飾《しゅうしょく》する。［　　］

＊動詞・形容詞・形容動詞のこと。

(6) 活用しない自立語で、体言だけを修飾する。［　　］

ア 副詞　イ 形容詞　ウ 名詞
エ 接続詞　オ 形容動詞　カ 動詞
キ 連体詞　ク 感動詞

3 次の各語群から、【　】の品詞を一つずつ選び、記号で答えなさい。【各4点】

(1)【名詞】 ア 喜び　イ そして　ウ まったく　エ 楽しい　〔　　〕

(2)【動詞】 ア いいえ　イ 静かだ　ウ 思う　エ 眠《ねむ》い　〔　　〕

(3)【形容動詞】 ア 立派です　イ 早い　ウ 新しい　エ まだ　〔　　〕

(4)【連体詞】 ア 大きい　イ 元気だ　ウ つまり　エ 小さな　〔　　〕

4 用言の活用について、次の問いに答えなさい。【各4点】

(1) 動詞の①「歩く」、②「教える」の活用*の種類をそれぞれ答えなさい。

＊「五段」「上一段」「下一段」「カ変」「サ変」の五種類。

①〔　　活用〕　②〔　　活用〕

(2) 「日差しが強くなる。」の「強く（形容詞）」の活用形*を答えなさい。〔　　形〕

＊「未然形・連用形・終止形・連体形・仮定形・命令形」の六つの形。

(3) 「穏《おだ》やかな気持ちになる。」の「穏やかな（形容動詞）」の活用形を答えなさい。〔　　形〕

5 次の各語群の品詞名をあとの［　］から選び、記号で答えなさい。【各4点】

(1) きれいだ・元気です・爽《さわ》やかだ　〔　　〕

(2) 三時・富士山《ふじさん》・スポーツ　〔　　〕

(3) この・いわゆる・たいした　〔　　〕

(4) そして・しかし・あるいは　〔　　〕

(5) いる・打つ・消す　〔　　〕

(6) が・の・を　〔　　〕

(7) かなり・そっと・もし　〔　　〕

ア 動詞　イ 形容詞　ウ 形容動詞
エ 名詞　オ 副詞　カ 連体詞
キ 接続詞　ク 感動詞　ケ 助動詞
コ 助詞

7日目

文法②　付属語／敬語

Step-1 >>> **基本を確かめる** ⇒【解答】55ページ

1 付属語（助動詞・助詞）

★次の各文中から付属語*を探して、——線を引きましょう。
*それだけでは意味のわからない語。

(1) 先生に名前を呼ばれる。

(2) 棚《たな》から本が落ちた。

★次の——線部が助動詞*ならばA、助詞*ならばBと書きましょう。
*活用する付属語。
*活用しない付属語。

(1) 明日①は晴れるらしい②。　①[　　] ②[　　]

(2) 私も①参加したい②と思います。　①[　　] ②[　　]

(3) 雨が降らない①と、水不足になるそうだ②。　①[　　] ②[　　]

2 助動詞の意味／助詞の種類

★次の——線部の助動詞の意味をあとから選び、記号で答えましょう。

(1) 弟はすぐにゲームをしたがる。　[　　]

(2) 犬にお座りをさせる。　[　　]

(3) 君、もう家に帰ろう。　[　　]

ア 使役《しえき》　イ 推量　ウ 希望　エ 勧誘《かんゆう》

★次の——線部の助詞の種類をあとから選び、記号で答えましょう。

(1) 暗いので*、明かりをつけた。　[　　]
*理由を示している。

(2) 改札口で*待ち合わせをする。　[　　]
*場所を示している。

ア 格助詞　イ 接続助詞　ウ 副助詞　エ 終助詞

確認

● **付属語とは**

・必ず自立語のあとに付く。

・一文節中に一つもないことも、複数あることもある。

・助動詞と助詞の二つである。

助動詞…活用する。主に用言に付いて、意味を付け加えたり、気持ちや判断を表したりする。

助詞…活用しない。語句と語句との関係を示したり、さまざまな意味を付け加えたりする。

! ミス注意

● **助動詞の複数の意味**

助動詞には複数の意味をもつものがある。文意や接続のしかたで判断する必要がある。

3 敬語

★次の説明に合う敬語をあとから選び、記号で答えましょう。

(1) 話題の中の人物の動作などを高める。〔　　〕

(2) 話の聞き手・読み手への敬意を表す。〔　　〕

(3) 自分や自分の側の人の動作などをへりくだる。* 〔　　〕

*（自分の側を）低める。

ア 尊敬語　イ 謙譲語《けんじょうご》　ウ 丁寧語《ていねいご》

★次の——線部の敬語の種類をあとから選び、記号で答えましょう。

(1) あちらが受付です。〔　　〕

(2) お客様が生徒の演技をご覧になる。〔　　〕

(3) 校長先生から賞状をいただく。〔　　〕

ア 尊敬語　イ 謙譲語　ウ 丁寧語

★次の——線部を【　】の敬語に直しましょう。

(1) 先生が椅子《いす》に座る。【尊敬語】〔　　〕

(2) 私が見学者に順路を説明する。【謙譲語】〔　　〕

4 特別な尊敬の動詞・特別な謙譲の動詞

★次の語を特別な尊敬の動詞*に直しましょう。

*それ一語で尊敬の意を表す動詞。

(1) いる・行く・来る〔　　〕

(2) 言う・話す〔　　〕

(3) 食べる・飲む〔　　〕

★次の語を特別な謙譲の動詞*に直しましょう。

*それ一語で謙譲の意を表す動詞。

(1) 行く・来る〔　　〕

(2) 言う・話す〔　　〕

(3) 食べる・飲む〔　　〕

くわしく

助詞の種類は四つ

・**格助詞**…主に名詞に付いて、主語や場所などを示す。

・**接続助詞**…主に活用する語に付いて、前後の文節をつなぐ。

・**副助詞**…いろいろな語に付いて、強調・限定などいろいろな意味を付け加える。

・**終助詞**…文末に付いて、気持ちや態度などを表す。

くわしく

主な尊敬語の言い方

・助動詞「れる・られる」を付ける。

・「お(ご)〜になる」の形にする。

・特別な尊敬の動詞を使う。

ミス注意

A「お(ご)〜になる」とB「お(ご)〜する」

似た言い方だが、

・Aは「〜」に敬意を表す相手の動作が入る尊敬語。

・Bは「〜」に自分(の側)の動作が入る謙譲語。

文法② 付属語／敬語

Step-2 実力をつける ⇩【目標時間】30分／【解答】56ページ

点

1 次の文中にはそれぞれ助動詞がいくつありますか。漢数字で答えなさい。【各5点】

(1) 台風が近づいているらしい。 〔　　つ〕

(2) わからない言葉を辞書で調べた。 〔　　つ〕

(3) 次は決勝戦だが、我が校は決して負けまい。 〔　　つ〕

(4) 母に部屋の掃除《そうじ》をさせられました。 〔　　つ〕

2 次の――線部の助動詞と同じ意味で使われているものを、あとからそれぞれ一つ選び、記号で答えなさい。【各5点】

(1) 犬にワンワンとほえられる。

ア 僕《ぼく》は何でも食べられる。

イ 昔が思い出される。

ウ 先生が話される。

エ 初めに校歌が歌われる。

〔　　〕

(2) 新番組が始まるそうだ。

ア せきが出そうだ。

イ 彼《かれ》が行くそうだ。

ウ すぐに忘れそうだ。

エ 風で花が散りそうだ。

〔　　〕

(3) この映画は見たことがある。

ア 昨日は暑かった。

イ 宿題がちょうど今終わった。

ウ 涙《なみだ》にぬれた顔。

エ 君は確か長男だったね。

〔　　〕

3 次の――線部の助詞は、ア格助詞、イ接続助詞、ウ副助詞、エ終助詞のどれですか。記号で答えなさい。【各5点】

(1) いくら考えても①、良い案が一つも②浮《う》かばない。

①〔　　〕 ②〔　　〕

(2) 自転車に①乗れますか②。

①〔　　〕 ②〔　　〕

4 助詞について、次の問いに答えなさい。【各5点】

(1) 次の——線部「の」の働きをあとからそれぞれ一つ選び、記号で答えなさい。

① 遅刻《ちこく》するのはよくない。 〔　　〕

② カモメの鳴く声が聞こえる。 〔　　〕

ア 部分の主語を表す。

イ 連体修飾《しゅうしょく》語を表す。

ウ 体言の代用をする。*

*「もの・こと」などの代わりをする。

(2) 次のうち、——線部が接続助詞であるものを一つ選び、記号で答えなさい。

ア 図書館で本を借りる。

イ よくかんで食べなさい。

ウ 彼女《かのじょ》は朗らかで優しい。

エ 弟と二人で留守番をする。

〔　　〕

5 次のうち、敬語の使い方に誤りがあるものを二つ選び、記号で答えなさい。【各6点】

ア 父は、毎晩九時頃《ごろ》帰ってきます。

イ 私が責任者の田中《たなか》でございます。

ウ 先生の申したことを心に留めておきます。

エ お客様、こちらでお待ちしてください。

オ 親切にしていただき、助かりました。

〔　　〕〔　　〕

6 次の——線部を特別な尊敬の動詞・特別な謙譲《けんじょう》の動詞を使って、適切な敬語に書き直しなさい。【各9点】

(1) 校長先生はどちらにいますか。 〔　　〕

(2) 私が先生の作品を見るのは初めてです。 〔　　〕

模擬試験

第1回

［制限時間］50分
［解答］57ページ

100点満点
点

1 次の文章を読んで、あとの問いに答えなさい。【40点】

「他者」を認めること、それが「自分」を確立する。認める[a]というのは、存在を認め、立場を認め、意見を聞き、人格を尊重し、必要であれば、守り、敬う、ということである。

自分が好きな人、自分の意見を支持してくれる人だったら、それは簡単である。自分の利益になる他者は、誰《だれ》だって自然に大切にするだろう。しかし、それだけではない。自分と意見が違《ちが》う人に対しても、できるかぎり尊重しなければならない。①これができることが「理性」というものだ。ただし、この「尊重」とは、その意見に従え、という意味ではもちろんない。

人間はバラエティに富んでいる。いろいろな考えの人がいるから、これだけ面白い社会になったのだ。みんなが同じように考え、同じ価値観を持っていたら、どれだけ薄《うす》っぺらい世の中になっていただろう。そもそも、それでは人類はここまで発展できなかったはずである。そして、長い歴史を通して、ようやく自由社会をキズき[b]上げ、人権を確立しつつある。その最も基本的な考え方とは、「君と僕《ぼく》の意見は違う。しかし、僕は君を認める」という精神なのだ。意見が異なることは、お互《たが》いの存在を否定することではない。相手を嫌《きら》う理由にさえならない。意見が違うことを認識し、どうすれば良いかを考えることに価値がある。そういう社会を人間は作ろうとしている。まだまだ理想には遠いかもしれないが、まずは、それをルールとして決めたことは素晴らしい。

意見が違うと、相手の人格まで否定し、貶《けな》し合いをするような場面が今でもまだ多い。これは間違っている。それでは前進はしない。相手の意見を否定しても、相手の人格は絶対に尊重しなければならない。「他者」がどんな考えを持っていても、「他者」を尊重する。それによって、「自分」が確かなものになる、ということがなかなか実感できないかもしれない。人は、自分と違う意見の他者がいると、なんとか説得しようとする。自分の意見の正当性を主張し、相手の主張の間違いを指摘《してき》する。こうした議論は大切である。議論をしなければ、そもそも相手の考えはわからないし、理解し合えない。

□、いくら自分の方が正しいと考えていても、相手が納得[c]しない場合がある。これは感情的な判断が混在した結果かもしれないし、言葉の定義が違うある種の誤解かもしれないし、相手が頑《かたく》なに思考を停止して理解を拒《こば》んでいる状況《じょうきょう》かもしれない。そのいずれであっても、相手の間違った（と思われる）意見に対して、やはり尊重しなければならない。「どうしても君がそう考えるならば、しかたがないね」と$\overset{d}{\text{アクシュ}}$することである。その人が、そういう意見を持っている、と理解する以外にない。それ以上に、相手に影響《えいきょう》を及《およ》ぼすことはできない。

そして、こういう経験を重ねるうちに、「自分」に対しても、「そうか、僕はどうしてもそう考えてしまうんだな、まあ、しかたがないか」と認めることができるようになる。②まったく同じプロセスなのだ。

（森博嗣《もりひろし》「自分探しと楽しさについて」〈集英社〉より）

(1) 〰線部a〜dのカタカナは漢字に直し、漢字は読みを平仮《が》名《な》で書きなさい。 [3点×4]

a［　　］（き）　b［　　］

c［　　］　d［　　］

(2) ――線部①「これ」とはどういうことを指しますか。文章中の言葉を使って、三十字以内で答えなさい。（句読点も一字に数える。） [10点]

(3) □に当てはまる言葉を次から一つ選び、記号で答えなさい。 [4点]

ア なぜなら　イ しかし　ウ だから　エ そこで　［　　］

(4) ‖線部「ある」の品詞名を次から一つ選び、記号で答えなさい。 [4点]

ア 動詞　イ 副詞　ウ 形容動詞　エ 連体詞　［　　］

(5) ――線部②「まったく同じプロセスなのだ。」とは、どういうことですか。この一文について説明した次の文の□ア・イに当てはまる言葉を、文章中から書き抜《ぬ》きなさい。 [5点×2]

＊議論を通して「他者」の意見を理解し、□ア□することと、そのような経験を通じて、「自分」の考え方を自覚し、「自分」の考え方として□イ□ことができるようになっていく過程は、まったく同じであるということ。

ア［　　］　イ［　　］

2 次の各問いに答えなさい。【27点】

(1) 次の――線部を送り仮名とともに漢字で書きなさい。［3点×3］

① 雨が田畑をうるおす。［　　］

② 店員が客の注文をうけたまわる。［　　］

③ 自然の恩恵《おんけい》をこうむる。［　　］

(2) 次の二つの四字熟語の□に共通して当てはまる漢数字を書きなさい。［3点］

□進一退　□日千秋　□

(3) 次のことわざについて、①□に当てはまる漢字一字を書き、②意味をあとから一つ選び、記号で答えなさい。［3点×2］

＊光陰《こういん》□のごとし

ア 月日は非常にはやく過ぎ去るものだ。

イ 世間のうわさや評判は、自然に消えていくものだ。

ウ 物事は、時機を逃《のが》さず遂行《すいこう》すべきだ。

エ 小さな力でも根気よく続ければ、物事を成し遂《と》げられる。

①□　②［　　］

(4) 次の――線部「ない」のうち、助動詞はどれですか。一つ選び、記号で答えなさい。［3点］

ア 東の空は、まだ明るくない。

イ 空いている席が一つもない。

ウ エアコンの風が当たらない場所に移る。

エ 駆《か》け込《こ》み乗車はあぶないので、やめよう。

［　　］

(5) 次の動詞のうち、活用の種類が他と異なるものをそれぞれ一つずつ選び、記号で答えなさい。［3点×2］

① ア 届ける　イ 集める　ウ 反省する　エ 教える　［　　］

② ア 過ぎる　イ 来る　ウ 着る　エ 感じる　［　　］

3 次の文章を読んで、あとの問いに答えなさい。【33点】

ある時、鼠《ねずみ》(あ)の大勢集まりて談合《だんかふ》(相談)しけるは、「いつも、かの猫《ねこ》といふいたづらもの(悪がしこい者)に捕《と》らるる時、千度《ちたび》悔《く》ひても、その詮《せん》(かいがない)なし。かの猫、声を立てるか、足音でもすれば、①かねて用心して捕られぬ覚悟《かくご》をもするなれども、ひそかに近寄りて来るゆゑ(a)、折々《をりをり》油断して捕らるるなり。いかにせば良からん」と言ひければ、一つの鼠(い)進み出《い》でて申しけるは、「それには、何より良き手段あり。かの猫(う)の首へ鈴《すず》を付け置かば、たとへ足音はせずとも、こなた(こちら)に②油断はあるまじ」といふにぞ、皆々《みなみな》「もつとも然《しか》るべし」と言ひけるが、大勢の鼠(え)の中より、誰《たれ》あつて、「猫の首へ鈴を付けに行かう(b)」と言ふ者なければ、③つひにその談合は止《や》みにける。そのごとく、人も後先《あとさき》の勘弁《かんべん》(考え)なく、(c)了簡《れうけん》(具体策)ありげに口をたたく(ぺちゃくちゃよくしゃべる)者は、鼠に等しく、つひには恥《はぢ》をかくものなれば、『口は災いの門《かど》』と思ふべし。

(「伊曾保《いそほ》物語」より)

(1) ═線部a「ゆゑ」、b「行かう」、c「了簡」の読み方を、現代仮名遣《かなづか》いで、すべて平仮名で書きなさい。[3点×3]

a[　　　] b[　　　] c[　　　]

(2) 〰線部(あ)〜(え)の「の」の中で、意味・用法が他と異なるものを一つ選び、記号で答えなさい。[4点] [　　　]

(3) ―線部①「用心して捕られぬ覚悟をもする」のは誰《だれ》(何)ですか。平仮名で答えなさい。[5点] [　　　]

(4) ―線部②「あるまじ」の現代語訳として適切なものを次から一つ選び、記号で答えなさい。[5点]

ア あるはずだ　イ あるかもしれない
ウ ないだろう　エ なくならない

[　　　]

(5) ―線部③「その談合は止みにける」とありますが、それはなぜですか。理由を、現代語で書きなさい。[10点]

[　　　　　　　　　　]

模擬試験

第2回

［制限時間］50分
［解　答］59ページ

100点満点　　点

1 次の文章を読んで、あとの問いに答えなさい。【40点】

「私」こと佐和子《さわこ》は、五年前のある事件がきっかけで、梅雨《つゆ》の時期になると胃が痛み、食欲がなくなる。母もその事件が原因で、一年前に家を出た。中学二年生になった梅雨のある日、仲の良い坂戸《さかど》君が転校することを知り、「私」はますます元気をなくした。坂戸君は、自分の家庭は崩壊《ほうかい》していると言っていた。その日帰宅すると、母が来ていた。


「うちの家庭って崩壊してるのかな？」

私がプリンにスプーンを突《つ》き刺《さ》しながら言うと、母さんが目を **A** 。

「どうして？　①恐《おそ》ろしく良い家庭だと思うけど」

「父さんが父さんを辞(a)めて、母さんは家を出て別に生活してる」

坂戸君の言うのが家庭崩壊なら、②うちだって立派に崩壊してる。

「でも、みんなで朝ご飯を食べ、父さんは父さんという立場にこだわらず子どもたちを見守り、母さんは離《はな》れていても子どもたちを愛してる。完璧《かんぺき》」

母さんは笑った。

「でも母さんはまたアパートに帰るんでしょ」

「そうよ」

母さんは当然のことのように **B** と言った。

「夕飯ぐらい食べて帰ればいいのに。変なの」

夕飯を作るだけ作って、自分は帰って食べるなんておかしすぎる。

「だって、佐和子達《たち》がプレゼントしてくれた食器もあるし」
＊直《なお》ちゃんがあの殺風景な部屋をジュウジツ(b)させる物をプレゼントしようと言ったのは、③こういう意味だったのだろうか。食器をプレゼントしたのは離れて暮らそうという気持ちの象徴《しょうちょう》じゃないのに。
私がそう言おうとすると、

「わかってるわ。でも、離れていても母さんを認めてくれているってことでしょ？　自立した子どもを持ってタノ(c)もしい。それにね、離れているとビンカン(d)になるのよ。そばにいると自然に見て取れるからぼんやりしていてもいいけど、離れてると佐和子のことを察知するためにいつも神経を働かせておかないといけない。だから、④今日梅雨入りしたこともわかったの」

＊佐和子の兄。

母さんはプリンをすくいながら言った。

（瀬尾《せお》まいこ「幸福な食卓《しょくたく》」〈講談社〉より）

(1) 〰線部a～dのカタカナは漢字に直し、漢字は読みを平仮名《がな》で書きなさい。【3点×4】

a［　　（めて）］ b［　　］

c［　　（もしい）］ d［　　］

(2) A に当てはまる言葉を次から一つ選び、記号で答えなさい。【3点】

ア 疑った　イ 丸くした

ウ 留めた　エ 覆《おお》った

［　　］

(3) ――線部①「恐ろしく良い家庭だと思う」、②「うちだって立派に崩壊してる」とありますが、母さんと「私」がそれぞれ①・②のように思う理由がわかる一文を文章中から探し、初めの五字を書き抜《ぬ》きなさい。（符号《ふごう》は除く。句読点も一字に数える。）【5点×2】

①［　　　　　］

②［　　　　　］

(4) B に当てはまる言葉を次から一つ選び、記号で答えなさい。【3点】

ア うっかり　イ あっさり

ウ じわじわ　エ そろそろ

［　　］

(5) ――線部③「こういう意味」とはどういう意味ですか。「～という意味。」につながる形で、説明しなさい。【6点】

［　　　　　　　　　　　　　　　　］という意味。

(6) ――線部④「だから、今日梅雨入りしたこともわかったの」という言葉に込《こ》められた母さんの気持ちとして、適切なものを次から一つ選び、記号で答えなさい。【6点】

ア 家を出てから感じる季節の変化はすばらしい。

イ 本当は、もうアパートから家に戻《もど》って来たい。

ウ 佐和子の体調に変化が起こることが心配だ。

エ 家族がきちんとした食事をしているか疑わしい。

［　　］

2 次の各問いに答えなさい。【26点】

(1) 次の――線部に当てはまる同音異義語をそれぞれ書きなさい。［3点×2］

① ケイショウを省略して出席者を紹介《しょうかい》する。［　　］

② 次男が父の事業をケイショウする。［　　］

(2) 次の――線部に当てはまる同訓異字をそれぞれ書きなさい。［3点×2］

① 弟が笛をフく。［　　く］

② 火山が火をフく。［　　く］

(3) 「舶来《はくらい》」の対義語として適切なものを次から一つ選び、記号で答えなさい。［4点］

ア 国産　イ 伝来

ウ 輸入　エ 渡航《とこう》

［　　］

(4) 次の文には自立語がいくつありますか。漢数字で答えなさい。［5点］

＊彼女《かのじょ》は体は細いが、めったに風邪《かぜ》もひかない健康な人だ。

［　　つ］

(5) 次の――線部「ばかり」と文法的に同じ意味・用法のものを、あとから一つ選び、記号で答えなさい。［5点］

＊出かけんばかりに準備をして、電話を待った。

ア 買ったばかりの靴《くつ》を履《は》いて外出する。

イ すみませんが、五分ばかり遅《おく》れます。

ウ 冷たいものばかり飲むと体に悪い。

エ 弟は今にも泣かんばかりの顔をしている。

［　　］

3 次の文章を読んで、あとの問いに答えなさい。【34点】

今は昔、唐《もろこし》（中国）に、孔子《こうし》、道を行き給《たま》ふに、八つばかりなる童《わらは》あひぬ。孔子に、問ひ申すやう（〜ことには）、日の入《い》る所と洛陽《らくやう》（中国の古い都）と、いづれか遠きと。孔子いらへ給ふやう（お答えになるには）、日の入る所は遠し、洛陽は近し。童の申すやう、日の出で入《い》る所は見ゆ。洛陽はまだ見ず。①されば、日出づる所は近し。洛陽は遠しと思ふと申しければ、孔子、②かしこき童なりと感じ給ひける。「孔子には、かく物問ひかくる人もなきに、かく問ひけるは、ただものにはあらぬなりけり」と□、人言ひける。

（「宇治拾遺物語《うじしゅういものがたり》」より）

(1) 〰〰線部「いらへ給ふやう」の読み方を、現代仮名遣《かなづか》いで、すべて平仮名で書きなさい。［6点］

［　　］

(2) この文章中には、童が話している部分が二箇所《かしょ》あります。二つ目の会話の初めと終わりの四字ずつを書き抜《ぬ》きなさい。（句読点も一字に数える。）［完答8点］

□□□□～□□□□

(3) ――線部①「されば」の現代語訳として適切なものを次から一つ選び、記号で答えなさい。［6点］

ア 行くならば　イ だから
ウ 去ってしまえば　エ さらに

［　　］

(4) ――線部②「かしこき童なりと感じ給ひける」とありますが、孔子がこのように感じた理由として適切なものを次から一つ選び、記号で答えなさい。［8点］

ア 童の考え方が興味深かったから。
イ 童が地理に詳《くわ》しかったから。
ウ 童が路上で大人たちと議論をしていたから。
エ 童が孔子と同じ考えをもっていたから。

［　　］

(5) □に補うのに適切な語を次から一つ選び、記号で答えなさい。［6点］

ア は　イ も　ウ ぞ　エ のみ

［　　］

同音異義語

〈意味〉

- **異義《いぎ》** 異なる意味。
- **異議** 異なる意見。反対意見。
- **意義** わけ。意味。価値。

- **以前《いぜん》** そのときよりも前。ずっと前。
- **依然** 変わらないで、もとのままである様子。

- **解放《かいほう》** 制限を解いて、自由にすること。
- **開放** 開け放すこと。
- **快方** 病気などが良くなっていくこと。
- **介抱** 病人などの世話をすること。
- **会報** 会の活動の様子などを会員に知らせる文書や雑誌。

- **関心《かんしん》** 心を引かれて注意を向けること。その気持ち。
- **感心** 心に深く感じること。
- **歓心** うれしいと思う心。

- **構成《こうせい》** 組み立て。
- **厚生** 人々の健康を増進し、生活を豊かにすること。
- **更生** 良くない生活態度などが、良いほうに改まること。
- **後世** のちの時代。

- **対象《たいしょう》** 相手・目標となるもの。
- **対照** 照らし合わせて比べること。
- **対称** 二つの形がある点や線などを中心として向き合う関係。

- **追求《ついきゅう》** どこまでも追い求めること。
- **追及** 原因や責任を、どこまでも問い詰《つ》めること。
- **追究** 物事を深く調べて、研究すること。

- **保証《ほしょう》** 請《う》け合うこと。
- **保障** 責任をもって他から守ること。
- **補償** 相手に与《あた》えた損害を償《つぐな》うこと。

同訓異字

〈例文〉

- **会《あ》う** 友人に会う。
- **合う** 計算が合う。
- **遭う** 事故に遭う。

- **誤《あやま》る** 判断を誤る。
- **謝る** 心から謝る。

- **表《あらわ》す** 喜びを顔に表す。
- **現す** 急に姿を現す。
- **著す** 一冊の本を著す。

- **痛《いた》む** 歯が痛む。
- **傷む** 長雨で作物が傷む。

- **冒《おか》す** 危険を冒す。
- **犯す** 法を犯す。
- **侵す** 自由を侵す。

- **備《そな》える** 台風に備える。
- **供える** 墓前に花を供える。

- **採《と》る** 山で山菜を採る。
- **捕る** 網《あみ》で魚を捕る。
- **撮る** 記念写真を撮る。

- **断《た》つ** 甘《あま》いものを断つ。
- **絶つ** 消息を絶つ。
- **裁つ** 布を二枚に裁つ。

- **望《のぞ》む** 合格を望む。
- **臨む** 大事な会議に臨む。

- **量《はか》る** 体重を量る。
- **図る** 解決を図る。
- **計る** 時間を計る。

- **易《やさ》しい** この問題は易しい。
- **優しい** 彼女《かのじょ》は性格が優しい。

- **破《やぶ》れる** 袋《ふくろ》が破れる。
- **敗れる** 一回戦で敗れる。

慣用句

	〈意味〉
額《ひたい》を集《あつ》める	集まって相談する。
目《め》をつぶる	欠点や過失などを見て見ないふりをする。
目《め》を盗《ぬす》む	隠《かく》れてこっそりとする。
目《め》からうろこが落《お》ちる	わからなかったことが突然《とつぜん》わかるようになる。
耳《みみ》が痛《いた》い	弱点を言われて、聞くのがつらい。
耳《みみ》を傾《かたむ》ける	聞き逃《のが》さないように、熱心に聞く。
鼻《はな》にかける	自慢《じまん》そうに振《ふ》るまう。
鼻《はな》であしらう	まともに相手をせず、冷たく扱《あつか》う。
舌《した》を巻《ま》く	驚《おどろ》き、感心する。
首《くび》を長《なが》くする	今か今かと待ち望む。
肩《かた》を落《お》とす	がっかりして、うなだれる。
肩《かた》を並《なら》べる	対等な位置に立つ。

腰《こし》が低《ひく》い	いばらないで、へりくだる。
足《あし》が出《で》る	出費が予算よりも多くかかる。
足《あし》が棒《ぼう》になる	歩き疲《つか》れて、足がこわばる。
襟《えり》を正《ただ》す	気が緩《ゆる》まないように引き締《し》める。
雨後《うご》のたけのこ	似たようなことが、次々に現れ出ること。
釘《くぎ》を刺《さ》す	相手に前もって念を押《お》す。
さじを投《な》げる	見込《みこ》みがないと諦《あきら》める。
竹馬《ちくば》の友《とも》	小さいときから共に遊んだ親しい友人。
鶴《つる》の一声《ひとこえ》	多くの人を従わせる実力者や権力者の一言。
取《と》り付《つ》く島《しま》が無《な》い	相手が無愛想《ぶあいそう》で冷たく、話しかける隙《すき》がない。
猫《ねこ》の額《ひたい》	土地が非常に狭《せま》いこと。

ことわざ

	〈意味〉
あぶ蜂《はち》取《と》らず	二つのものを一度に取ろうとして、結局どちらも取ることができないこと。**類** 二兎《にと》を追う者は一兎《いっと》をも得《え》ず
魚心《うおごころ》あれば水心《みずごころ》	相手が好意をもてば、こちらも好意をもつようになる。
帯《おび》に短《みじか》したすきに長《なが》し	中途半端《ちゅうとはんぱ》で、役に立たないこと。
果報《かほう》は寝《ね》て待《ま》て	幸運を得るには、あせらずに運が向くのを待つのがよい。
捨《す》てる神《かみ》あれば拾《ひろ》う神《かみ》あり	世間はいろいろで、見捨てる人もあれば、助けてくれる人もあるので、くよくよする必要はない。
ちりも積《つ》もれば山《やま》となる	わずかなものであっても、積み重なれば大きなものになる。
どんぐりの背比《せいくら》べ	似たり寄ったりで平凡《へいぼん》なものばかりであること。
情《なさ》けは人《ひと》のためならず	人にかけた情けはいつか自分に返ってくる。
猫《ねこ》に小判《こばん》	価値のあるものでも、もつ人によっては何の役にも立たないこと。**類** 豚《ぶた》に真珠《しんじゅ》
待《ま》てば海路《かいろ》の日和《ひより》あり	あせらないで気長に待っていれば、必ずよいことがある。
焼《や》け石《いし》に水《みず》	努力や援助《えんじょ》がわずかで、効き目がないこと。
柳《やなぎ》の下《した》にいつもどじょうはいない	一度うまくいったからといって、同じ方法でいつもうまくいくとは限らない。
渡《わた》りに船《ふね》	何かしようとするときに、都合のよい条件がそろうこと。

動詞・形容詞・形容動詞の活用

動詞の活用

- (五段活用) 下に「ナイ」を付けたときの活用語尾《ごび》が「ア段」になる。
- (上《かみ》一段活用) 下に「ナイ」を付けたときの活用語尾が「イ段」になる。
- (下《しも》一段活用) 下に「ナイ」を付けたときの活用語尾が「エ段」になる。

活用の種類	基本形	語幹 (変わらないところ)	未然形	連用形	終止形	連体形	仮定形	命令形
続き方			―ナイ ―ウ ―ヨウ	―マス ―タ ―テ	―。	―トキ ―ノデ	―バ	―。
五段活用	待つ	ま	た と	ち っ	つ	つ	て	て
上一段活用	見る	○	み	み	みる	みる	みれ	みろ みよ
下一段活用	食べる	た	べ	べ	べる	べる	べれ	べろ べよ
カ行変格活用(カ変)	来る (一語だけ)	○	こ	き	くる	くる	くれ	こい
サ行変格活用(サ変)	する (「する」と「〜する」)	○	さ* せ* し	し	する	する	すれ	しろ せよ

＊サ変の未然形の「せ」は助動詞「ぬ」に、「さ」は助動詞「れる・せる」などに続く。

形容詞の活用

基本形	語幹	未然形	連用形	終止形	連体形	仮定形	命令形
続き方		―ウ	―タ ―ナイ ―ナル	―。	―トキ ―ノデ	―バ	○
広い	ひろ	かろ	かっ く う	い	い	けれ	○

「〜うございます。」のとき、ウ音便になる。

形容詞には命令形なし。

形容動詞の活用

- 「〜だ」と「〜です」で言い切る形の二種類の活用がある。

基本形	語幹	未然形	連用形	終止形	連体形	仮定形	命令形
続き方		―ウ	―タ ―ナイ ―ナル	―。	―トキ ―ノデ	―バ	○
静かだ	しずか	だろ	だっ で に	だ	な	なら	○
元気です	げんき	でしょ	でし	です	(です)	○	○

「〜です」には仮定形もなし。

形容動詞には命令形なし。

助動詞の種類

助動詞	意味	例文
れる・られる	受け身・可能 自発・尊敬	当時の苦労がしのばれる。(自発) 午後、お客様が来られる。(尊敬)
せる・させる	使役《しえき》	子供たちを外で遊ばせる。
う・よう	推量・意志 勧誘《かんゆう》	彼《かれ》ならできよう。(推量) 今度は私と行こう。(勧誘)
まい	否定の推量 否定の意志	問題は解決しまい。(否定の推量) うそはつくまいと誓《ちか》う。(否定の意志)
ない・ぬ(ん)	否定	水が出ない。 あちらに行ってはならぬ(ん)。
た	過去・完了《かんりょう》 存続・想起	父はちょうど今家に戻《もど》った。(完了) 壁《かべ》に掛《か》かった絵を見る。(存続)
たい・たがる	希望	僕《ぼく》は牛乳が飲みたい。 弟がジュースを飲みたがる。
だ・です	断定	明日は祝日だ。 こちらが入り口です。
ます	丁寧《ていねい》	すぐに行きます。
そうだ そうです	推定・様態	明日は晴れそうだ。
	伝聞	明日は晴れるそうだ。
ようだ ようです	推定 たとえ(比喩《ひゆ》)	まだ練習が終わらないようだ。(推定) その美しさは花のようだ。(たとえ)
らしい	推定	これは桜の一種らしい。

助詞の種類

格助詞

働き　文節と文節の関係を表す。主に名詞に付く。

格助詞は十種類　**が・の・を・に・へ・と・から・より・で・や**

例文　母が妹と買い物に行く。
駅の改札口で友人を待つ。

接続助詞

働き　前後の文節をつなぐ。主に活用する語に付く。

主な接続助詞　**ば・と・ても・けれど・が・のに・ので・から・し・て・ながら・たり**

例文　明るければ見えるが、暗いから見えない。
忙《いそが》しいのに来てくれて、ありがとう。

副助詞

働き　いろいろな語に意味を付け加える。

主な副助詞　**は・も・こそ・さえ・しか・だけ・でも・ばかり・ほど・くらい**

例文　残り時間はもう五分ほどしかない。
そのくらい子供でもできる。

終助詞

働き　主に文末に付いて、気持ちや態度などを表す。

主な終助詞　**か・な・なあ・や・ぞ・とも・よ・ね**

例文　競争しようよ。負けないぞ。
いいとも。でも、僕《ぼく》にできるかなあ。

編集協力	岡崎祐二
イラスト	生駒さちこ, 坂本奈緒
カバー・本文デザイン	星光信(Xing Design)
DTP	㈱明昌堂　データ管理コード:24-2031-1628(CC20)★

▶この本は,下記のように環境に配慮して製作しました。
◎製版フィルムを使用しないCTP方式で印刷しました。
◎環境に配慮した紙を使用しています。

解答と解説

高校入試 中学3年分をたった7日で総復習

改訂版

国語

Gakken

◀点線にそって切り取って使えます。

1日目

漢字

漢字の読み書き／同音異義語／同訓異字

Step-1 基本を確かめる

▼4ページ

解答

1 (1) きしょう　(2) じゃくねん　(3) へいこう　(4) うむ　(5) さぐ　(6) きいと　(7) ため　(8) むく　(9) ここち　(10) みやげ

2 (1) 複雑　(2) 記憶　(3) 興奮　(4) 擬音　(5) 直径　(6) 冒険　(7) 率直　(8) 健　(9) 器　(10) 操

3 (1) ①以外　②意外　(2) ①感心　②関心　③歓心　(3) ①対称　②対照　③対象　(4) ①追求　②追究　③追及　(5) ①開放　②解放　③快方

4 (1) ①誤　②謝　(2) ①着　②就　③付　(3) ①暑　②厚　③熱　(4) ①勤　②努　③務　(5) ①現　②著　③表

解説

1 (1) 「性」には「セイ・ショウ」の音がある。

(4) 「有」を「ウ」と読む熟語には、他に「有頂天《うちょうてん》」などがある。

(6) 「生」には「い-きる・う-まれる・お-う・は-える・き・なま」など多くの訓があるので、読み方には特に注意する。

(9)・(10) 「心地」と「土産」は熟語単位で決まった読み方をする**熟字訓**。

2 (1) 「復・腹・複・覆」の書き分けに注意。

(2) 「億・憶・臆」の書き分けに注意。

(3) 「奮（フン）・奪（ダツ）」の書き分けに注意。

3 (4) 「疑（ギ）・凝（ギョウ）・擬（ギ）」の書き分けに注意。

(6) 「検・険・倹・剣」の書き分けに注意。

(7) 「卒直」と書き間違《まちが》えないようにする。

(2) ③「歓心《かんしん》を買う」は、「気に入られようとして、相手が喜ぶようなことを言ったり、したりする」という意味。

(4) 一般《いっぱん》的に追い求めるという場合は「追求」、学問的なことをきわめるという場合は「追究」、原因や責任を問い詰《つ》めるという場合は「追及《ついきゅう》」。

(5) 「病人を介抱《かいほう》する」「会員に会報を配る」などの同音異義語もある。

4 (1) ①は「誤答」、②は「謝罪」などの熟語から判断する。

(2) ①は「到着《とうちゃく》」、②は「就職（職に就《つ》く）」、③は「付属」から判断する。

Step-2 実力をつける

▼6ページ

解答

1 (1) しゅうとく　(2) ぎょうし　(3) ごくじょう　(4) けいだい　(5) じゅみょう　(6) つい　(7) いちじる　(8) あや　(9) のぞ　(10) しばふ

2 (1) 専門　(2) 価値　(3) 暴露　(4) 検査　(5) 賃貸　(6) 引率　(7) 授　(8) 優　(9) 災　(10) 朗

3 (1) イ　(2) ウ　(3) イ　(4) エ　(5) ア

4 (1) 遭う　(2) 納める　(3) 撮る　(4) 刺さる　(5) 伸びる

5 (1) ①侵　②犯　(2) ①締　②占

解説

1 (1) 「拾」を「シュウ」と読む熟語には、他に「収拾」（＝混乱している状態をうまく収めて、まとめること）がある。

(3) 「極」を「ゴク」と読む熟語には、他に「極彩色《ごくさいしき》」などがある。

(4) 「内」を「ダイ」と読む熟語には、他に「内裏《だいり》」などがある。

(8)「危」には「あぶ-ない・あや-うい・あや-ぶむ」の訓がある。
(9)「別荘《べっそう》は湖に臨む(=面する)」というような使い方もする。

2
(1)「専」の右上に「丶」を書いたり、「門」を「問」と書いてしまったりしがちなので、気をつける。
(3)「暴」の下は「水」ではなく、「氺」と書く。
(5)「賃」と「貸」は字形が似ているので注意。
(8)同訓異字「易しい」と間違《まちが》えないようにする。
(9)「災害」や「災難」の「災」。

3
(2)「核《かく》が脅《おびや》かすこと」という文意なので、ウ「脅威《きょうい》」が合う。ア「驚《きょう》異《い》」は「驚《おどろ》いて不思議に思うこと。驚き」という意味。
(3)「どちらにも偏《かたよ》らない」という文意なので、イ「不偏《ふへん》」が合う。ア「普遍《ふへん》」は「すべてのものに共通していること」という意味。
(4)「既《すで》に成り立っている概念《がいねん》」という文意なので、エ「既成《きせい》」が合う。ア「規制」は「決まりに従って制限すること」、イ「既製」は「前もってつくられていること」という意味(例既製品)。
(5)「動植物などを見て楽しむこと」という文意なので、ア「観賞」が合う。エ「鑑賞《かんしょう》」は「芸術作品を見たり聞いたりして、その良さを深く味わうこと」という意味。

4
(1)「遭遇《そうぐう》する」という意味なので「遭《あ》う」と書く。
(2)「納付する」という意味なので「納める」と書く。
(3)「撮影《さつえい》する」という意味なので「撮《と》る」と書く。
(5)長さや勢力・記録がのびるという場合は、「伸《の》びる」と書く。

5
(1)①は、「侵入《しんにゅう》する・侵害する」という意味なので、「侵《おか》す」と書く。②は、「犯罪」という意味なので「犯す」。
(2)①は「緩《ゆる》みをなくす」という意味で、「締《し》める」と書く。②は山地が八割を「占有《せんゆう》する」という意味で、「占《し》める」と書く。

2日目 語句 四字熟語/対義語/類義語/慣用句・ことわざ

Step-1 基本を確かめる

8ページ

解答

1 (1)イ (2)ウ (3)エ (4)ア

2 (1)短 (2)間 (3)客 (4)必 (5)務 (6)費 (7)給

3 (1)特有 (2)願望 (3)意外 (4)天然 (5)容易 (6)手段 (7)忍耐 (8)欠乏 (9)関心 (10)同意

4 ★(1)手 (2)鼻 (3)耳
★(1)石橋 (2)すっぽん (3)暗し (4)念仏 (5)回れ (6)腹

解説

1 「二字+二字」の四字熟語の構成などをとらえながら、意味を考える。
(1)「悪戦《あくせん》」と「苦闘《くとう》」という類義語の関係。
(2)「質疑《しつぎ》」と「応答《おうとう》」という対《つい》の関係。
(3)「大器晩成《たいきばんせい》」は、故事成語。
(4)「暗中模索《あんちゅうもさく》」は、故事成語。

2
(3)「客観」は「個人の考えや感じではなく、多くの人がそうであると認めるようなこと」という意味。
(4)「必然」は「必ずそうなること」という意味。
(7)「供給」は「求められた物を与《あた》えること」という意味。

3
(3)「存外《ぞんがい》」という類義語もある。

(4) 「天然」は「てんねん」と読む。「然」の読み方の違《ちが》いに注意。

(7) 「辛抱《しんぼう》」という類義語もある。

4

★(1) 「手を焼く」は「手こずる。もてあます」という意味。

(2) 「鼻が高い」は「得意である。自慢《じまん》である」という意味。

(3) 「耳を傾《かたむ》ける」は「聞き逃《のが》さないように熱心に聞く」、「耳を疑う」は「あまりに意外なので、聞き違えたかと思う」という意味。

★(1)～(6)のことわざの意味は次のとおり。

(1) 石橋をたたいて渡《わた》る…非常に用心深く行動する。

(2) 月とすっぽん…二つのものの違いが非常に大きいこと。

(3) 灯台もと暗し…身近なことはかえって気がつきにくい。

(4) 馬の耳に念仏…よいことを聞かせても、聞き流して気にする様子がないこと。

(5) 急がば回れ…急ぐときは、遠回りでも安全な方法でしたほうが、結局は早くなる。

(6) 背に腹はかえられない…差し迫《せま》ったことのためには、多少の犠牲《ぎせい》もやむを得ない。

Step-2 >>> 実力をつける

▼10ページ

解答

1 (1) 暗・鬼 (2) 単・入 (3) 千・万 (4) 引・水 (5) 怒・楽

2 (1) 抽象 (2) 縮小 (3) 楽観 (4) 分析 (5) 創造 (6) 結果 (7) 非凡 (8) 肯定 (9) 複雑 (10) 得意

3 (1) 節 (2) 便 (3) 不 (4) 将 (5) 公 (6) 消 (7) 不 (8) 収 (9) 普 (10) 体

4 (1) 手(腕) (2) 腹 (3) 馬 (4) 猫 (5) 舌

5 (1) カ (2) ウ (3) エ (4) ア (5) オ

解説

1 (1) 「暗鬼《あんき》」は「暗闇《くらやみ》の中にいる鬼《おに》」という意味。「暗記」と書かないこと。

(2) 「単刀」は一振《ひとふ》りの刀という意味。「短刀」と書かないこと。

(3) 「千」や「万」は、数が多いことをたとえる場合によく使われる。

2 (1) 「抽象的《ちゅうしょう》」の意味は「共通の性質が抜《ぬ》き出されて、一つにまとめられている様子。具体的でなくて、様子や内容がはっきりしないこと」。

(7) 「平凡《へいぼん》」の対義語は、語頭に打ち消す意味の漢字「非」を用いた「非凡」。

3 (2) 「重宝」は「便利なので、多く利用すること」。

(9) 「日常」の類義語には他に、「平素」「平生《へいぜい》」などもある。

(10) 「体裁」は「ていさい」と読む。

4 (1)～(5)の慣用句の意味は、次のとおり。

(1) 手(腕《うで》)をこまねく…何もしないで、ただ物事のなりゆきを見ている。「手(腕)をこまぬく」ともいう。

(2) 腹をくくる…覚悟《かくご》を決める。

(3) 馬が合う…互《たが》いにぴったりと気が合う。

(4) 猫《ねこ》の手も借りたい…誰《だれ》でもよいから手伝いが欲しいほど、忙《いそ》しい様子。

(5) 舌つづみを打つ…おいしいものを食べて、舌を鳴らす。

5 (1)～(5)のことわざの意味は次のとおり。

(1) 二兎《にと》を追う者は一兎をも得ず…二つのことを同時にしようとすると、どちらも成功しない。

(2) 弘法《こうぼう》にも筆の誤り…どんな名人でも時には失敗することがある。

(3) 泣き面《つら》に蜂《はち》…不運・不幸の上にさらに悪いことが重なること。

(4) ぬかに釘《くぎ》…手応えがないこと。

(5) ちょうちんに釣《つ》り鐘《がね》…形は似ているが、実質がかけ離《はな》れていること。

3日目 文章読解① 説明文・論説文

Step-1 基本を確かめる

▼12ページ

解答

◆ (1) イ　(2) ア　(3) エ　(4) ア

解説

◆(1) ——線部「この答え」が直接指しているのは、1段落末文の『前もって知ることができる』」という言葉だが、ここでは、何を「前もって知ることができる」のか、具体的な内容をとらえる。

1段落の文章を順に見ていくと、次のようになる。

A (問い)「植物たちはどのようにして、暑さや寒さの訪れを前もって知るのでしょうか」
↓
a (答え)「植物たちが、葉っぱで夜の長さをはかるから」
↓
B (問い)「葉っぱが夜の長さをはかれば、植物たちは暑さや寒さの訪れを前もって知ることができるのか」
↓
b (答え)「前もって知ることができる」

——線部「この答え」の指すことを、問いの内容(B)を含《ふく》めて言っているのはイである。

(2) □の前の内容と、あとの内容との関係をつかんで、当てはまる接続語を選ぼう。

前…2・3段落で、夜の長さの変化と気温の変化の関係(事実)を説明している。

あと…「葉っぱで夜の長さをはかること」で「暑さや寒さの訪れを約二カ月、先取りして知ることができ」ることを、前で説明した事実を根拠《こんきょ》に、再び述べている。

前の内容を根拠として、あとの内容を述べているので、**ア**「だから」が当てはまる。

(3) 「六月」の夏至《げし》は最も暑い「八月」よりも約二カ月早いこと、「一二月」の冬至《とうじ》は最も寒い「二月」よりも約二カ月早いことから判断する。

(4) 1〜4段落の要点は、次のようにまとめられる。

1…植物たちはどのようにして、暑さや寒さの訪れを前もって知るのか。→葉っぱで夜の長さをはかることで知ることができる。

2・3…夜の長さの変化は、暑さ・寒さの訪れよりも約二カ月先行している。

4…だから、夜の長さをはかれば、前もって暑さや寒さの訪れを知ることができる。植物はこの二カ月間のずれを利用して、ツボミをつくり、花を咲《さ》かせ、タネをつくることができる。

この構成に当てはまるのは、**ア**の説明である。

Step-2 実力をつける

▼14ページ

解答

◆ (1) **ウ**　(2) **ア**　(3) **書くという行動の〈式〉**
(4) **なのである。**　(5) **ア**

◆**解説**

(1) □の前では、「転移」は「わたしたちの身体にもっとも基本的な現象であるとおもわれる」と述べている。あとでは、「書くという動作」が、ノートに鉛筆《えんぴつ》で書くという訓練を経て、初めてであっても、チョークで黒板に大きく書くということができるようになると述べている。「転移」という現象の例を、あとで挙げているので、**ウ**「たとえば」が当てはまる。

(2) ——線部①「これ」が、直前の段落全体の内容を指していることに注目しよう。筆者がどんなことを「とても不思議なことなのだ」と言っているのかは、続く文章でわかりやすく説明されている。鉛筆でノートに字を書くという動作と、チョークを持って黒板に大きな字を書くという動作は、身体の部位の使い方に違《ちが》いがある。それなのに、ノートに書けるようになれば、黒板にも「すっと」書けてしまうことを、「とても不思議なこと」と言っているのである。したがって、正解は**ア**。

(3) ——線部②を含《ふく》む文は、「身体のどこかに【A】がいったん住みつくと、それ【A】は他のどの部位にも容易に転移させることができる。」という構成である。指示語の指すものは直前にあることに注目。

(4) この文章の前半では、「転移」は「わたしたちの身体にもっとも基本的な現象である」ということが説明されている。後半では、「転移」が身体に関する現象だけでなく、「社会的なレベル」でも起こることが、例を挙げて説明されている。このことから、身体に関する説明は、第四段落までであることがわかる。

(5) 「転移」は「社会的なレベル」でも起こるというのが、この文章のポイントである。医療《いりょう》の分野で使われる言葉とは全く別の意味で、「転移」という現象が、身体の基本的な現象としてだけでなく、社会的なレベルでも起こることに、筆者は注目している。

4日目 文章読解② 小説

Step-1 >>> 基本を確かめる

▼16ページ

解答

◆1 **a自転車　bともだち**

2 ★①**ウ**　②**ア**　③**イ**　★**イ**　★**野球**

3 **ア**

◆**解説**

1 冒頭《ぼうとう》の一文に、「ぼく」とヨウイチくんが、「ヨウイチくんのともだち四、五人とすれ違《ちが》った」とあるので、bはすぐにわかるだろう。aは、本文6行目「自転車を停《と》めて」や、文章の中ほどからの「ヨウイチくんは……ペダルを逆向きに……足をかけた」、「ヨウイチくんも片手ハンドルで……」、「ヨウイチくんはサドルに載《の》せたお尻《しり》を……」などから、状況《じょうきょう》がつかめる。

2 ★①…ヨウイチくんのともだちは、「ぼく」などいないかのようにヨウイチくんを野球に誘《さそ》っている。ヨウイチくんもともだちと最後の野球をしたいだろうと思った「ぼく」は、自分が邪魔《じゃま》者ではないかと感じている。②…これまでの付き合いからすれば当然ヨウイチくんは野球の誘いに乗ってくると思われたのに、断られた。ヨウイチくんの予想外の返事を不審《ふしん》に思っている、ともだちの様子である。③…野球の誘いを断ったのは、これまでのともだちや生活との、ヨウイチくんなりの別れの決意の表れでもある。

★ヨウイチくんは、ともだちからの誘いを、自分のいろいろな思いから断った。そこには、「ぼく」との約束を果たすということもあったはずで、「ぼく」はヨウイチくんの優しさを感じながらも言葉を返すことができずに、ただ「背中に頬《ほお》をつけた」のである。

★何が「好かん」から、釣《つ》りのほうがおもしろいと言っているのか、考えよう。この言葉は、「背中に頬をつけた」という「ぼく」の動作に対する、ヨウイチくんの優しさの表れととれる。つまり、おまえのことを考えたのではなくて、自分が釣りをしたかったから「野球」は断ったのだと、わざわざ言い訳をしているのである。

③ヨウイチくんが「ぼく」の動作に対して、照れくささを感じていることが、この「サドルに載せたお尻を□させながら、言った」からわかる。何となくくすぐったい気持ちが、お尻を□させるという動作となったのである。この場合の擬態語《ぎたい》として合うのは**ア**「もぞもぞ」。小さな虫がはいまわる様子や、体や足を小さく動かす様子を表す。**イ**「こそこそ」は、こっそりとする様子を、**ウ**「へらへら」は、軽々しくしゃべる様子や、だらしなく笑う様子を、**エ**「じりじり」は、少しずつ進む様子や、日光が強く照りつける様子、次第にいらだってくる様子などを表す。

Step-2 実力をつける

▼18ページ

解答

◆(1) **ア** (2) **旗のように** (3) **普通の女の子が願うような(こと。)**
(4) **考えた** (5) **人生・仕組み**

解説

◆(1) 二つ目の段落まで読み進めないと、このときの老人の気持ちはわからない。老人は彼女《かのじょ》の願いごとを聞いて、「それがつまり君の願いごとということだね？」と確認している。「もしまずいようなら、何か別のものにします。」という彼女に対して、「まずいわけじゃない、全然。ただね、私は驚《おどろ》いたんだよ」と老人は返す。老人は彼女の予想外の願いごとにア「驚き」を感じていたのである。

(2) **直喩《ちょくゆ》は、「まるで」や「ように・ような」などを使った、比喩の一つ。**文章中でこれらの言葉を使った比喩を探すと、文章の中ほどに「老人は両手を上に上げ、旗のように空中でひらひらと振《ふ》った。」がある。
比喩には他に、次のような種類がある。
・隠喩《いんゆ》（暗喩《あんゆ》）…「まるで」や「ように」などの言葉を使わないで、たとえるものと、たとえられるものを直接結びつけてたとえる。
例 真珠《しんじゅ》の涙《なみだ》・バラの頬《ほお》
・擬人法《ぎじんほう》…人ではないものを、人のようにたとえる。
例 山々が呼びかける・鳥が歌う

(3) このあと老人は「例えば」と言って、「もっと美人になりたいとか、……とか、……とか」と挙げて、そのような「普通《ふつう》の女の子が願うようなこと」を願わなくていいのか、と聞いている。「彼女」がどんな願いごとを言ったのかは明かされていないが、「普通の女の子が願うようなこと」ではなかったとわかる。

(4) ここでの彼女の状況《じょうきょう》をとらえるとわかりやすい。直前の老人の問いかけに対して、どう応答すればよいか、「言葉を探した」ということである。つまり、応答の内容を「考えた」ということになる。少し前の彼女の言葉「何か考えますから。」に着目する。

(5) 彼女は、「……想像できない」のはなぜかを、自分なりに分析《ぶんせき》している。――線部⑤のあとの彼女の言葉から、□□に合う言葉を字数に合わせて書き抜く。

5日目 古文 ―歴史的仮名遣《かなづか》い／古文の特徴《とくちょう》／古語

Step-1 >>> 基本を確かめる ▼20ページ

解答

① a ようよう　b やまぎわ　c なお　d ちこう　e いう
② ★ウ　★蛍
③ ★a ウ　A ア　B イ　★あはれなり
④ ★(1) こそ　(2) しけれ　★ア

解説

① a 「やうやう(yauyau)」の「au」が「ô」となるので、「ようよう(yôyô)」と読む。
b 「山ぎは」の「は」が語頭以外のハ行の音なので、「わ・い・う・え・お」の「わ」と読む。
c 「なほ」もbと同様に、「ほ」を「お」と読む。
d 「ちかう」はaと同じく「tikau」の「kau」が「kô」となるので、「ちこう」と読む。
e 「いふ(言ふ)」も、b・cと同様に、「ふ」を「う」と読む。

② ★述語が省略されている。2段落目の最後の二文に、「～(も)をかし。～(も)をかし。」とあることに注目しよう。**どのような言葉があると文意が通るか、繰《く》り返されている言葉は何か**を考える。
★直前の文の後半(――線部②)に「蛍《ほたる》の多く飛びちがひたる」とあるのを受けて、「また、(蛍が)ただ一つ二つなど……」と続けている。――線部②の「の」は、主語を示す「が」の意味であることに注意。

③ ★Aは、現代語の「さらに」と形が似ているが、古語での意味は「今さらという感じがする。言うまでもない」。**現代語と形が似ていても、意味が全く異なる古語や、異なる意味を含《ふく》む古語に注意しよう。**
★3段落目の3行目にある「あはれなり」が答え。
・**をかし**…「心が引かれる。趣《おもむき》がある。風情《ふぜい》がある。美しい。すばらしい」などの意味。
・**あはれなり**…「趣深く感じる。しみじみと心打たれる。もの寂《さび》しく心引かれる」などの意味。

④ ★係り結びは、文中に「**ぞ・なむ・や・か・こそ**」の係りの助詞があると、文末が終止形以外の形になるという、古文の表現技法の一つ。「ものぐるほし」は形容詞で、終止形は「ものぐるほし」だが、ここは係りの助詞「**こそ**」があるために、「ものぐるほしけれ」(已然形《いぜんけい》)に変化している(已然形はエ段の音で終わることが多い)。
★「こそ」を使った係り結びは強調を表すので、**イ**は不正解。

〈◆「枕草子《まくらのそうし》」・現代語訳〉 春は明け方がすばらしい。だんだんと白くなっていく、空の、山に接するあたりが、少し明るくなって、紫《むらさき》がかっている雲が細くたなびいているのがすばらしい。

夏は夜がすばらしい。月の(出ている)頃《ころ》は言うまでもなく、闇夜《やみよ》もやはり、蛍が多く飛びかっているのがよい。また、(蛍が)ただ一匹《いっぴき》二匹《にひき》ほど、かすかに光りながら行くのも風情がある。雨などが降るのも風情がある。

秋は夕暮れがすばらしい。夕日が差して、山の、空に接する部分にとても近くなった頃に、烏《からす》がねぐらへ帰ろうとして、三羽四羽、二羽三羽ほど、急いで飛ぶ(様子)までもしみじみとした趣がある。まして雁《かり》などが列をなしているのが、とても小さく見えるのはとても風情がある。日がすっかり沈《しず》んで、風の音や虫の音《ね》などが聞こえるのは、また言いようもない。


〈◆「徒然草《つれづれぐさ》」・現代語訳〉 することがなく退屈《たいくつ》であるのに任せて、一日中、硯《すずり》に向かって、心に浮《う》かんでは消えていくとりとめもないことを、何の当てもなく書きつけていると、不思議なほど心が乱れて落ち着かないことだ。

Step-2 >>> 実力をつける

▼22ページ

解答

1 (1) a **めずらし** b **おもう** c **さしむかいたるように**
(2) **イ** (3) **ウ** (4) **ウ**

2 (1) a **いたる** b **きょう** (2) A **エ** B **ア** C **ウ** D **イ**
(3) ① **が（は・も）** ② **に（の）** (4) **（例）すぐに帰る**

解説

1
(1) a「づ」は「ず」と、b「ふ」は「う」と読む。cは、「向かひ」は「むかい」と、「やうに」は「ように」と読む。
(2) 「なほ」は、現代語の「なお」（副詞）と重なる意味が多い。「やはり。何といっても」などの意味。
(3) ——線部②の前の「わが思ふことを……行き着かざるらめど」（＝自分の思うことを書いて送ったので、まだ先方まで到着《とうちゃく》していないであろうが）の意味を、行間の現代語訳を参考にしてとらえよう。これに自然につながる選択肢《せんたくし》は**ウ**である。「心ゆく」は、現代語でも「心ゆくまでお楽しみください」などの言い方に残っている言葉。
(4) 係りの助詞は「こそ・ぞ・なむ・や・か」の五つを覚えておこう。

〈現代語訳〉 目新しいと言うべきことではないけれど、手紙はやはりすばらしいものである。遠く離《はな》れた地方にいる人のことが、たいへん気がかりで、どうしているだろうかと思っているときに、手紙を読むと、ちょうど今対面しているかのように感じられるのは、すばらしいことであるよ。自分の思うことを書いて送ったので、まだ先方まで到着していないであろうが、満ち足りた気持ちがすることだ。

2
(1) a「ゐ」は「い」と読む。bは、「けふ」→「けう（keu）」→「きょう（kyô）」と読む。
(2) A「とく（疾《と》く）」は「すぐに。急いで」などの意味。B「よろづ（万《よろづ》）」は「たくさんあること。あらゆること」の意味。C「なかなか」は、「かえって。逆に」の意味で、現代語の、「なかなか〜ない」のように簡単にはいかない様子を表す意味とは異なる。D「つれづれ」は、「手もち無沙汰《ぶさた》であること。退屈《たいくつ》であること」などの意味。
(3) ①…「人と向かひたれば」（＝人と対面していると）、どういうふうになるかを、このあとに作者は続けている。「身もくたびれ、心も静かならず」がヒント。どんな助詞なら意味が通るかを考えよう。
②…「互《たが》ひ」とは、訪問する側と訪問される側のこと。互いのために「益《やく》（＝利益）」が「なし（＝ない）」と言っているのである。
(4) 設問に「用事があって他人を訪問したとき」とあるので、本文の1〜2行目の「用ありて行きたりとも」に着目し、続く「そのこと果てなばとく帰るべし」の意味をとらえる。

〈現代語訳〉 これという用事がなくて人のもとに行くのは、よくないことである。用事があって行ったとしても、その用事が済んだらすぐに帰るのがよい。長居をするのは、たいへんわずらわしい。人と向き合っていると、言葉が多くなり、体も疲《つか》れ、心も落ち着かない。すべてにさしつかえがあり無駄《むだ》に時間を過ごしてしまう、（これは）お互《たが》いにとって無益なことである。（かといって客に、）さもいやそうに言うのも良くない。気に入らないことがある時は、かえってその理由を言ってしまうほうがよい。（ただし、）互いに向き合っていたいと思う人が、ちょうどひまであって、「もうしばらく（いてお話しください）、今日はゆっくり落ち着いて（語り合いましょう）。」などと言うような場合は、この限りではないであろう。

6日目

文法① 自立語

Step-1 基本を確かめる

▼24ページ

解答

1 (1) コップに 冷たい 水を くむ。
(2) 木陰は とても 涼しい。
(3) ほら、これが 有名な 仏像です。
(4) でも、あなたの 考えには 反対だ。
(5) 黒雲が 広がり、雷が ゴロゴロ 鳴る。

2 (1) ①よい ②なる (2) ①急ぐ ②出かける
(3) ①静かだ ②流れる (4) ①終わる ②行く
(5) ①安い ②買う

3 (1) エ (2) ア (3) イ (4) ウ

4 ①動詞 ②形容詞 ③形容動詞 ④副詞 ⑤接続詞

解説

1 (3) 「有名な」は、「有名だ」という語が活用して変化した形なので、一語。「仏像です」は「仏像＋です」。
(4) 「考えには」は「考え＋に＋は」。「反対だ」は「反対＋だ」。
(5) 「広がり」は「広がる」の活用した形。

2 活用する自立語とは、「動詞・形容詞・形容動詞」（＝用言）のこと。活用した形で文中にあると見つけにくい。
(1) ①「よく」は形容詞「よい」の連用形、②「なっ」は動詞「なる」の連用形（促《そく》音便）。
(2) ①「急い」は動詞「急ぐ」の連用形（イ音便）、②「出かけ」は動詞「出かける」の未然形。
(3) ①「静かな」は形容動詞「静かだ」の連体形。
(5) ①「安けれ」は形容詞「安い」の仮定形。

3 活用しない自立語とは、「名詞」「副詞」「連体詞」「接続詞」「感動詞」のこと。
(1) アは動詞、イ・ウは形容詞。エ「話し合い」は名詞である。
(2) イは形容動詞、ウは形容詞、エは動詞。ア「こちら」は名詞である。
(3) ア・ウ・エは動詞。イ「いいえ」は感動詞である。
(4) アは形容動詞、イは形容詞、エは動詞。ウ「ゆっくり」は副詞である。

4 ①活用する自立語で、ウ段で終わるのは動詞。
②活用する自立語で、「い」で終わるのは形容詞。
③活用する自立語で、「だ・です」で終わるのは形容動詞。
④活用しない自立語で、主に用言を修飾《しゅうしょく》するのは副詞。
⑤活用しない自立語で、接続語だけになるのは接続詞。

Step-2 実力をつける

▼26ページ

解答

1 (1) 七（つ） (2) 三（つ） (3) ①副詞 ②動詞

2 (1) カ (2) オ (3) イ (4) ウ (5) ア (6) キ

3 (1) ア (2) ウ (3) ア (4) エ

4 (1) ①五段（活用） ②下一段（活用） (2) 連用（形）
(3) 連体（形）

5 (1) ウ (2) エ (3) カ (4) キ (5) ア (6) コ (7) オ

解説

1 (1) 「トロッコも 三人の 力では、いくら 押《お》しても 動かなく なった。」

(2) の――線部が、自立語である。
「トロッコも 三人の 力では、いくら 押しても 動かなく なった。」の═線部が、活用する自立語である。

(3) ①「いくら」は、用言を含《ふく》む「押しても」を修飾《しゅうしょく》している副詞。
②「なっ」は言い切りの形（終止形）が「なる」で、動詞。「なっ」は連用形（促《そく》音便）。

2
(5) 副詞は主に用言を修飾《しゅうしょく》するが、同じ副詞（例 とてもゆっくり）や、名詞（例 ずっと昔）を修飾することもある。

3
(1) 「喜ぶ」は動詞だが、ア「喜び」は名詞。
(2) **エ**「眠《ねむ》い」は形容詞。
(4) 「小さい」は形容詞だが、**エ**「小さな」は**活用しないので連体詞**。

4
(1) 活用の種類は、「**ナイ**」を続けてみて直前が**ア段の音なら五段活用**、**イ段の音なら上一段活用**、**エ段の音なら下一段活用**である。その他、カ行変格活用「来る」とサ行変格活用「する・〜する」がある。
(2) 形容詞の活用は「かろ／かっ・く・う／い／い／けれ／○」。
(3) 言い切りの形が「穏《おだ》やかだ」なので、形容動詞。あとに名詞「気持ち」が続いているので、連体形。形容動詞「〜だ」の活用は「だろ／だっ・で・に／だ／な／なら／○」。

5
(2) 名詞には「普通《ふつう》名詞」「固有名詞」「数詞」「代名詞」「形式名詞」の五種類がある。「三時」は数詞、「富士山《ふじさん》」は固有名詞、「スポーツ」は普通名詞。
(7) 副詞は「**程度の副詞**」（用言や副詞・名詞を修飾）、「**状態の副詞**」（主に動詞を修飾）、「**呼応の副詞**」（陳述《ちんじゅつ》の副詞・叙述《じょじゅつ》の副詞）（あとに決まった言い方がくる）に分けられる。「かなり」は程度の副詞、「そっと」は状態の副詞、「もし」は「〜たら・ても」などと呼応する呼応の副詞である。

7日目 文法② 付属語／敬語

Step-1 >>> 基本を確かめる

▼28ページ

解答

1
★(1) **先生に｜名前を｜呼ばれる。｜**
(2) **棚から｜本が｜落ちた。｜**

★(1) **①B ②A** (2) **①B ②A** (3) **①A ②A**

2
★(1) **ウ** (2) **ア** (3) **エ** ★(1) **イ** (2) **ア**

3
★(1) **ア** (2) **ウ** (3) **イ** ★(1) **ウ** (2) **ア** (3) **イ**

★(1) **（例）お座りになる** (2) **（例）ご説明する**

4
★(1) **いらっしゃる** (2) **おっしゃる** (3) **召し上がる**
★(1) **伺う（参る）** (2) **申し上げる（申す）** (3) **いただく**

解説

1
★**まず文節に分けて、次に自立語を除いてみる。**
(1)② 「らしい」は「らしくナイ・らしけれバ」のように活用する。
(3)① 「ない」は「なかった・なければ」のように活用する。

2
★(1) 「たがる」は、自分以外の人の希望を表す。
(2) 「せる・させる」は、誰《だれ》かに何かをさせるという使役《しえき》の意味。
(3) 「う・よう」には、意志・推量・勧誘《かんゆう》の意味がある。
★(1) 理由を示し、前後の文節をつないでいて、**活用語に付いている。**
(2) 場所を示し、**名詞に付いている。**

3
★敬語は、大きく「尊敬語」「謙譲《けんじょう》語」「丁寧《ていねい》語」に分けられる。
★(1) 「〜です・〜ます」という言い方は丁寧語。

(2)「ご覧になる」は「見る」の尊敬語で、特別な尊敬の動詞。「お客様」の動作を高めて言っている。

(3)「いただく」は「もらう」の謙譲語で、特別な謙譲の動詞。「校長先生」から賞状をもらう自分の動作をへりくだって言っている。

★(1)「お（ご）～になる」の形や、助動詞「れる・られる」などを使う。

(2)「お（ご）～する」の形。「お（ご）～いたす」の形もあるが、その場合は、「いたします」と、丁寧語とともに使うことが多い。

4

★(1)「いらっしゃる」は「本を読んでいらっしゃる」のように、補助（形式）動詞としても使われる（補助動詞は、上の動詞に補助的に意味を添《そ》える働きをして、「～て（で）……」の形をとる）。

★(1)「伺《うかが》う」は「聞く」の謙譲語としても使われる。

Step 2 >>> 実力をつける

▼30ページ

解答

1 (1) 一（つ） (2) 二（つ） (3) 二（つ） (4) 四（つ）

2 (1) エ (2) イ (3) ア

3 (1) ①イ ②ウ (2) ①ア ②エ

4 (1) ①ウ ②ア (2) イ

5 ウ・エ（順不同）

6 (1) いらっしゃいますか (2) 拝見するのは

解説

1 (1)～(4)の各文の助動詞とその意味は次のとおり。

(1) 台風が近づいているらしい（推定）。

(2) わからない（否定）言葉を辞書で調べた（過去）。

(3) 次は決勝戦だ（断定）が、我が校は決して負けまい（否定の推量）。

(4) 母に部屋の掃除《そうじ》をさせ（使役《しえき》）られ（受け身）まし（丁寧《ていねい》）た（過去）。「させられました」の構成を詳《くわ》しく見ると、「さ（サ変動詞「する」の未然形）＋せ（助動詞「せる」の未然形）＋られ（助動詞「られる」の連用形）＋まし（助動詞「ます」の連用形）＋た（助動詞「た」の終止形）」となる。

2 (1) 例文は「ほえることをされる」という意味で、受け身。**ア**は「食べることができる」という意味で、可能。**イ**は「自然にそうなる」という意味で、自発。**ウ**は「お話しになる」という意味で、尊敬。

(2) 例文は「始まるそうだ」という伝聞。「そうだ」は**伝聞**の場合は**活用語の終止形**に付き、**推定・様態**（「～のようである」という意味）の場合は**活用語の連用形**に付く（例 始まりそうだ）。**イ**だけが伝聞である。

(3) 例文は「以前に見た」という意味で、過去。**イ**は「今終わったところ」という意味で、完了《かんりょう》。**ウ**は「ぬれた状態が続いている」という意味で、存続。**エ**は「知っていることを確かめる」という意味で、想起。

3 (1) ①は逆接の接続助詞、②は下に否定を伴《ともな》って全面否定を表す副助詞。

(2) ①は対象を示す格助詞、②は質問を示す終助詞。

4 (1) ①は「遅刻《ちこく》することは」、②は「カモメが鳴く声が」と言い換《か》えられる。

(2) **イ**が、動詞「かむ」の連用形に付いた接続助詞「て」。動作の推移を表すつなぎ方だが、「かん」という撥《はつ》音便のあとなので、**濁音化《だくおんか》して「で」になっている**。**ア**は場所を示す格助詞、**ウ**は形容動詞「朗らかだ」の連用形の活用語尾《ごび》、**エ**は状態を示す格助詞。

5 **ウ**は、先生の「言った」という動作に謙譲語《けんじょう》「申した」を使っているので誤り。「おっしゃった」などの尊敬語にする。**エ**の「お待ちして」は、「お～する」を使った謙譲語なので、「お客様」の「待つ」という動作に使うのは誤り。「お待ちになって」などの尊敬語にする。

6 (1)「校長先生」の「いる」という動作なので、「いらっしゃる」を使う。

(2)「私」が「先生」の作品を「見る」のだから、「拝見する」を使う。

模擬試験 第1回

▼32ページ

❶
(1) aそんちょう　b築（き）　cなっとく　d握手
(2) （例）自分と意見が違う人に対しても、できるかぎり尊重すること。（28字）
(3) イ
(4) エ
(5) ア尊重　イ認める

［解説］

❶
(1) a「重」を「チョウ」と読む熟語には、他に「貴重・慎重《しんちょう》」などがある。b「築く」には「基礎《きそ》を固めて、しっかり安定したものをつくりあげる」という意味がある。c「納」には「ノウ・ナッ・トウ」という複数の音読みがあり、「納入《のうにゅう》」「納得《なっとく》」「出納《すいとう》」などの熟語がある。

(2) **指示語は、直前の内容を指すことが多い。**まず、直前の内容を指示語に当てはめて、文の意味が通るか検討してみよう。――線部①「これ」も直前の一文の内容を指している。その内容を「〜こと。」という形に言い換《か》えてまとめればよい。同じ段落の、――線部①より前の指示語の指す内容は次のとおり。
・3行前の「それ」…第一段落で述べている「『他者』を認めること」を指す。
・1行前の「それ」…「自分が好きな人、自分の意見を支持してくれる人を尊重すること」を指す。

(3) □の前には、「人は、自分と違《ちが》う意見の他者がいると、なんとか説得しようとする」とあり、あとには、「いくら自分の方が正しいと考えていても、相手が納得しない場合がある」とある。つまり、説得しようとしても説得できない場合がある、という流れなので、逆接の**イ**「しかし」が当てはまる。

(4) 「ある」は、「種」を修飾《しゅうしょく》する連体詞。「そこに存在する」という意味の動詞「ある」と間違えないようにする。

(5) 冒頭《ぼうとう》の一文と、4段落の「『他者』がどんな考えを持っていても、『他者』を尊重する。それによって、『自分』が確かなものになる」と、――線部②の直前の「そして、こういう経験を……と認めることができるようになる」は、同様の内容を繰《く》り返している。「他者」の意見を理解し、認めるというような経験を通じて、自分の考えに対しても、客観的に自分の考えとして認めることができるようになると、筆者は述べている。

❷
(1) ①潤す　②承る　③被る
(2) 一
(3) ①矢　②ア
(4) ウ
(5) ①ウ　②イ

［解説］

❷
(1) 送り仮名《がな》を間違《まちが》えやすい漢字の書き取り問題。**動詞の送り仮名は、活用語尾《ごび》の部分から付けるのが原則。**①「潤」には「うるお-う・うるお-す・うる-む」という訓がある。③「被る」は「自分の身に受ける。目上の人からいただく」という意味。

(2) 「一進一退《いっしんいったい》」は「物事の状態や情勢が、よくなったり悪くなったりすることと」、「一日《いちじつ》《いちにち》千秋《せんしゅう》」は「非常に待ち遠しいこと」という意味。

(3) 「光陰《こういん》矢のごとし」は、「月日は飛び去った矢のように非常に早く過ぎ去るものだ」という意味のことわざ。

(4) **「ない」の識別は入試問題でよく出る。**

ア…補助（形式）形容詞「ない」。「ない」は、主に「弱くない・静かでない」のように形容詞・形容動詞の連用形に付く。

イ…形容詞の「ない」。

ウ…助動詞の「ない」。**「ぬ」と言い換《か》えられる。**

エ…「あぶない」という形容詞の一部。

(5) ①**ウ**「反省する」は、**「～する」**の形で、サ行変格活用。他は、「ナイ」を続けると直前がエ段の音になる下一段活用。

②**イ**「来る」はカ行変格活用。他は、「ナイ」を続けると直前がイ段の音になる上一段活用。

---

③

(1) aゆえ　bいこう　cりょうけん

(2) (あ)

(3) ねずみ

(4) **ウ**

(5) (例) 猫の首に鈴を付けに行こうと言う者がいなかったから。

〔解説〕

③

(1) aは、「ゑ→え」にする。b「行かう」は、「かう（kau）→こう（kô）」にする。cは、「れう（reu）→りょう（ryô）」にする。

(2) 現代語の格助詞「の」の用法と重なる。(い)～(え)は連体修飾語《しゅうしょく》をつくる「の」で、前後を名詞に挟《はさ》まれている。(あ)だけが、主語を示す「の」で、**「が」と置き換《か》えられる。**

(3) この文章は、猫《ねこ》に襲《おそ》われて毎回仲間を失っているねずみたちが、その対策について相談している場面である。――線部①を含《ふく》む文は、途中《とちゅう》で動作主（その動作をする人・もの）が変わっていることに注意。「猫が声や足音を立てるならば、我々（ねずみ）は用心して捕《と》られないようにもするけれど」ということ。

(4) 猫への対策として、あの猫の首へ鈴《すず》を付けておけば、その足音はしなくても（鈴が鳴るので）、こちらに油断は「あるまじ」という流れなので、**ウ**「ないだろう」が適切。

(5) ――線部③の直前に「～なければ」（＝なかったので）という理由を表す言葉があることに着目し、その前から理由をつかむ。「誰《たれ》あつて、『猫の首へ鈴を付けに行かう』と言ふ者なければ」が、相談が終わってしまった理由である。「（猫が怖《こわ》くて）誰《だれ》も鈴を付けに行く者がなかった」という内容でまとめる。

〔現代語訳〕 ある時、ねずみが大勢集まって相談したことには、「いつも、あの猫という悪がしこい者に捕られる時、何度後悔《こうかい》してもそのかいがない。あの猫が、声を立てるか、足音でもさせれば、前もって用心して捕られない心構えもするのだが、こっそり近寄ってくるので、そのつど油断して捕られるのだ。どうすればよいだろう」と言ったところ、一匹《いっぴき》のねずみが進み出て申したことには、「それには、何より良い方法がある。あの猫の首に鈴を付けておいたなら、たとえ足音はしなくても、こちらに油断はないだろう」と言うと、みんな「いかにもよさそうだ」と言ったが、大勢のねずみの中から、誰も、「猫の首に鈴を付けに行こう」と言う者がいなかったので、結局その相談は終わってしまった。そのように、人もあと先の考えなく、具体策があるかのようにぺちゃくちゃよくしゃべる者は、ねずみと同じで、最後には恥《はじ》をかくものなので、『口は災いの門《かど》』と思うべきだ。

模擬試験 第2回

▼36ページ

❶

(1) aや（めて） b充実 c頼（もしい） d敏感

(2) **イ**

(3) ①でも、みん ②父さんが父

(4) **イ**

(5) （例）母さんが一人で暮らしても困らないようにしよう（という意味。）

(6) **ウ**

解説

❶

(1) a「辞」には「言葉」の他に、「ことわる。はなれる」という意味があり、「や-める」という訓読みがある。「辞める」は「仕事や地位から退く」という意味。c「頼」には「たの-む・たよ-る・たの-もしい」の三つの訓がある。d「敏」を含《ふく》む熟語には他に「機《き》敏《びん》」「敏感《びんかん》」「俊敏《しゅんびん》」などがある。

(2) 慣用句の問題。「うちの家庭って崩壊《ほうかい》してるのかな?」というショッキングな「私」の問いかけに対する、「どうして? 恐《おそ》ろしく良い家庭だと思うけど」という言葉から、母さんの驚《おどろ》きを読み取る。びっくりして目を大きく開く様子を表す慣用句は「目を丸くする」。**イ**が正解。

(3) 母さんについては、「私」の問いかけを受けて自分の考えを述べた部分に、「私」については、「どうして?」と母さんに質問された答えにあたる部分に見つけることができる。母さんは、みんなで朝ご飯を食べることや、両親が子どもたちを見守り愛しているという心のつながりがあることから判断して「完璧《かんぺき》」な家庭だと思っている。一方、「私」は、父が父を辞め、母が家を出ているという状態から、「家庭崩壊」だと考えている。

(4) 〔B〕の直前の「当然のことのように」に着目する。母は自分がアパートに帰ることを当然のことだと思っているので、特別勢い込《こ》むこともなく**イ**「あっさり」と言ったのである。

(5) ——線部③の「こういう」は、2行前の母さんの会話文から読み取れる意味を指す。「私」と兄が母に食器をプレゼントしたのは、「殺風景な部屋を充実《じゅうじつ》させる」ためだったはずなのに、そのプレゼントが、食事をそれぞれの住まいでとるという、「離《はな》れて暮らそうという気持ちの象徴《しょうちょう》」になってしまったと感じている「私」の心情を読み取る。「離れて暮らそう（という意味。）」という言葉が含《ふく》まれていてもよい。

(6) **冒頭《ぼうとう》の前書き（これまでのあらすじ）を注意深く読む**と、「梅雨《つゆ》」が「私」たちの家庭にとって特別の意味をもつことがわかる。家を出て、母さんは外から「佐和子《さわこ》のことを察知するためにいつも神経を働かせて」いる。梅雨入りは「私」の体調に変化が起こり始めるときだから、母さんは、梅雨入りに対して敏感《びんかん》なのである。

❷

(1) ①敬称 ②継承

(2) ①吹（く） ②噴（く）

(3) **ア**

(4) 八（つ）

(5) **エ**

解説

❷ (1) ① 「〜様」など、人の名前の下に付けて敬意を表す言葉は「敬称《けいしょう》」。② 「引き継《つ》ぐこと」という意味の言葉は「継承《けいしょう》」。「ケイショウ」には同音異義語が多い。他に「警鐘・軽傷・軽症・景勝」などがある。

(2) ① 「吹《ふ》く」は、息を強く出したり、風が起こったりする場合、② 「噴《ふ》く」は、水や火などが勢いよく中から出る場合に使う。

(3) 「舶来《はくらい》」は「外国から船などに積んで持ってくること。また、その品物」という意味。**イ**「伝来」は類義語。

(4) 「①彼女《かのじょ》は ②体は ③細いが、④めったに ⑤風邪《かぜ》も ⑥ひかない ⑦健康な ⑧人だ。」のようになり、自立語は八つ。①②⑤⑧は名詞、③は形容詞、④は副詞、⑥は動詞、⑦は形容動詞である。「ひかない」は「動詞＋助動詞」、「人だ」は「名詞＋助動詞」。

(5) 「ばかり」は副助詞で、いくつかの意味がある。例文の「ばかり」は「今にも〜しそう」という意味。同じものは**エ**。**ア**は、「〜して間もない。〜したて」という意味、**イ**はおおよその程度を表す「〜くらい」の意味。**ウ**はそのことに限定する「〜だけ」という意味である。

❸ (1) いらえたもうよう（いらえたまうよう）
(2) 日の出で（〜）しと思ふ
(3) **イ**
(4) **ア**
(5) **ウ**

解説

❸ (1) 「いらへ」→「いらえ」、「たまふ」→「たもう」（「たまう」）、「やう」→「よう」と、三箇所《かしょ》に注意する。

(2) 童《わらわ》が問いかけ、孔子《こうし》が答え、それに対して童が自分の考えを言っている。**古文では会話のあとに「〜と」や「〜とて」が付いていることが多い**ので、それを手がかりにしよう。この場合、「と」を会話の部分として入れないように注意。次が、二人の会話の部分である。
・童「日の入る所と洛陽《らくやう》と、いづれか遠き」
・孔子「日の入る所は遠し、洛陽は近し」
・童「日の出で入《い》る所は見ゆ。……されば、……洛陽は遠しと思ふ」

(3) 文脈から、「されば」の現代語訳を考える。童の二つ目の会話は、「日が出入りする所は見える。洛陽は見えない。『されば』、日の出る所は近い。洛陽は遠いと思う」というもの。「されば」の前で理由を述べ、あとで童の考えを述べているので、**イ**「だから」が適切。

(4) 洛陽のほうが遠いと自分で判断して、童がそれなりに筋の通った考えをもっていることに、孔子は感心したのである。

(5) 係り結びの問題。係り結びは、文中に係りの助詞「ぞ・なむ・や・か・こそ」があると、その結び（文末）が終止形以外の形になり、強調や疑問などを表す表現技法。選択肢《せんたくし》のうち、係りの助詞は、**ウ**「ぞ」である。

〔現代語訳〕 今では昔のことだが、中国で孔子が道を歩いていらっしゃったところ、八歳《さい》ぐらいの子供が（孔子に）出会った。（その子供が）孔子に尋《たず》ね申すことには、「日の沈《しず》む所と洛陽と、どちらが遠いのですか。」と。孔子がお答えになるには、「日の沈む所は遠い、洛陽は近い。」子供が申すことには、「日の出入りする所は見えます。でも、洛陽は見えません。だから、日の出る所は近くて、洛陽は遠いと思います。」と申したので、孔子は、賢《かしこ》い子供だと感心なさった。「孔子には、このように物を問いかける人もいないのに、このように問うたのは、（その子供は）ただ者ではないな」と、人々は言った。